尚书
这样读

浩君　主编

中国民族文化出版社
北京

图书在版编目（CIP）数据

尚书这样读/浩君主编.—北京:中国民族文化
出版社有限公司,2023.4（2024.5 重印）
ISBN 978-7-5122-1674-7

Ⅰ.①尚… Ⅱ.①浩… Ⅲ.①《尚书》—研究 Ⅳ.
① K221.04

中国国家版本馆 CIP 数据核字（2023）第 057681 号

尚书这样读
SHANGSHU ZHEYANG DU

主　编	浩　君
责任编辑	李路艳
责任校对	李文学
出 版 者	中国民族文化出版社　地址：北京市东城区和平里北街 14 号
	邮编：100013　联系电话：010-84250639　64211754（传真）
印　装	金世嘉元（唐山）印务有限公司
开　本	720mm×1020mm　1/16
印　张	16
字　数	230 千字
版　次	2024 年 5 月第 1 版第 2 次印刷
标准书号	ISBN 978-7-5122-1674-7
定　价	39.80 元

前言

　　《尚书》是我国最早的政府公文集，也是一部记载上古、夏、商、周时期的历史事件的官方史书。其内容最初出自当时的史官之手，后来经过一代一代的史官加工、润色，内容日臻完善，最后才有了我们今天看到的《尚书》。

　　但由于时间久远，且古代保存资料的手段有限，《尚书》的流传过程并不顺利，在经历了秦朝的"焚书坑儒"之劫后，《尚书》内容严重缺失，只剩28篇，被一位叫伏生的学者收藏。后来，人们又陆续发现了一批用先秦古字书写的《尚书》，与伏生手中的版本内容有些不同。为了区分，后世学者称伏生收藏的版本为《今文尚书》，用先秦古字书写的则为《古文尚书》。两种版本的《尚书》孰为伪作，学术界至今还存在争议。不管是哪个版本，在思想上，《尚书》重点体现"敬天保民"的观念，同时强调君王是承受上天的命令，带领百姓们过好日子的，所以必须了解百姓的生活，体谅百姓的疾苦，还要自律，不贪图享乐。这些内容都说明当时的君王并没有把权位当成个人私器。这些君王的美好品质对后世产生了无穷的影响，为后人留下了丰厚的精神遗产。

　　青少年为什么要读《尚书》？常言道："读史可以明智。"阅读史书，不仅可以使我们了解历史发展脉络，还能让我们认识那些载入史册的先贤，与先贤对话，学习他们可贵的精神品质。《尚书》是我国最早的政府公文集，也是宝贵的历史资料，是历史爱好者必读的一部经典。

　　由于年代久远，语言文字的用法不断发展变化，《尚书》原来的文字对于现代人来说过于艰涩枯燥，直接阅读这样的古文，对青少年来说是一大挑战。本书虽然脱胎于《尚书》，但与原本又有许多不同。本书精心挑选了《尚书》中那些故事性强，思想积极向上，语言相对浅显易懂的篇章。为了便于读者理解，每篇原文配有大量的注释。对照注释阅读古文，可以锻炼读者对文言文的理解能力，有助于读者积累古代汉语词汇，培养古代汉语语感。译文放在篇后，读者读完整篇原文后再阅读译文，可以加深对原文的理解，阅读体验也更加顺畅。

　　本书的受众是国学和历史爱好者，因此在内容的选择上，相比《尚书》原文，更加活泼丰富。涉及重要历史事件、知名历史人物的篇章，附有生动的历史故事，重点介绍该历史事件的发展脉络和细节，或者该历史人物的重要生平事迹。这样的编排弥补了《尚书》以记言为主，事件记载不够详细的缺憾，可以帮助读者全面了解历史，同时也能提高读者的阅读兴趣。为了丰富读者的阅读体验，本书配有三十余张色彩鲜明的手绘插图，再现昔日的人物风采和历史场景，为本书增添一抹活泼的色彩。

　　本书正文均以《尚书》原文为依据，参考古今学者的研究成果，但不免有疏漏之处。如果发现书中有不当之处，恳请读者悉心指正。

目录

1

虞夏书

　　这部分内容本来属于一本名叫《虞夏书》的书。《虞夏书》是我国最早的一部文献，也是世界上最早的一部中央政府文件。它由当时的史官记述，记载了尧、舜、禹、夏四个时期发生的事情。文献分为典、册、贡三类。典是对中央政府的领袖即帝的言行及禅让过程等的记录（从夏代起就不再有典），册是帝以下的中央政府官员的言行记录，贡是按中央政府的行政区域划分受取贡赋的情况和规则。因为《虞夏书》成书年代久远，大部分内容都散佚了，残余部分被编入《尚书》。

尧典^①

曰若稽古，帝尧^②，曰放勋^③。钦、明、文、思、安安^④。允恭克让^⑤，光被四表^⑥，格于上下^⑦。克明俊德^⑧，以亲九族^⑨。九族既睦^⑩，平章百姓^⑪。百姓昭明，协和万邦。黎民于变时雍^⑫。

 注释

①尧典：记载帝尧事迹的典册书籍。尧，相传是原始社会后期一个著名的部落首领，名放勋，属陶唐氏，又称唐尧。本篇主要记述了尧时的制度和法令，其主体部分成于春秋时孔子所处的时代，但也有秦汉时期的材料掺杂其中。

②曰若：句首发语词。稽：考察。

③放（fǎng）勋：尧的名号。

④钦：恭敬。明：通明。文：谓有文谋，与武相对。思：思虑、深思。安安：宽容，温和。

⑤允：诚实，真实。克：能够。让：退让，辞让，这里指推贤让能。

⑥光：今文作"横""广"，充满。被（pī）：同"披"，覆盖。四表：四海之外。

⑦格：至，到。

⑧俊：才智出众。

⑨九族：许多氏族。九是虚数，言其多。

⑩既：已经。

⑪平：通"辨"。百姓：百官族姓。

⑫黎民：老百姓。于：助词。变：通"弁"，快乐。时：通"是"。雍：和谐，和睦。

乃命羲和①，钦若昊天②，历象日月星辰③，敬授民时。

 注释

①命：任命。羲和：羲氏与和氏，相传为重黎之后，是世代掌管天文历象的官员。

②钦：恭敬。若：顺从。昊（hào）：大。常用来指天。

③历象：推算、观测天象。辰：据以分辨季节的标准星象，如下文的四种星。

分命羲仲，宅嵎夷，曰旸谷①，寅宾出日②，平秩东作③。日中星鸟④，以殷仲春⑤。厥民析⑥，鸟兽孳尾⑦。

 注释

①分：分别。宅：居住。嵎（yú）夷：泛指东方极远之地。旸（yáng）谷：传说中日出之处。

②寅：敬。宾：迎接。

③平秩：使有次序。东作：春天的农作活动。

④日中：指昼夜时间均等，即春分时节。鸟：恒星名。

⑤殷：正当，正值。仲春：春分所在之月，指二月。古时以孟、仲、季分称四季的每三个月。

⑥厥：其。析：分散。

⑦孳（zī）尾：指鸟兽生育、繁殖。孳，繁殖。尾，鸟兽鱼虫等交配。

申命羲叔，宅南交①，曰明都，平秩南讹②，敬致③。日永星火④，以正仲夏。厥民因⑤，鸟兽希革⑥。

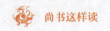 注释

① 申：又，重复。南交：指南方极远之地。

② 南讹：指太阳从北回归线向南移动。讹，动。

③ 敬致：指对日的祭祀、礼敬。

④ 日永：白昼最长的日子，指夏至。永，长。火：恒星名。

⑤ 因：指在高地居住。古人常居高以避水患。

⑥ 希革：毛羽稀疏。

分命和仲，宅西，曰昧谷①，寅饯纳日②，平秩西成③。宵中星虚④，以殷仲秋。厥民夷⑤，鸟兽毛毨⑥。

 注释

① 昧谷：传说中日落之处。

② 饯：送。纳：入。

③ 西：太阳向西运转的情况。成：秋收。

④ 宵中：昼夜长短相等，指秋分。虚：恒星名。

⑤ 夷：平原地带。

⑥ 毨（xiǎn）：毛羽重生。

申命和叔，宅朔方，曰幽都①，平在朔易②。日短星昴③，以正仲冬。厥民隩④，鸟兽氄毛⑤。

 注释

① 朔方：指北方。

② 在：观察。朔易：指太阳从南回归线向北运转。易，变动。

③ 日短：白昼最短之时，指冬至。昴（mǎo）：一簇恒星的名称，也称髦头（旄头）。

④隩：同"奥"，古时指房屋的西南角，也泛指房屋的深处，室内。

⑤氄（rǒng）：细而软的毛。

帝曰："咨！汝羲暨和①。期三百有六旬有六日②，以闰月定四时，成岁③。"

 注释

①咨：告，命令。暨：与。

②期（jī）三百有六旬有六日：一年有三百六十六天。旬，十日为一旬。有，又。

③以闰月定四时，成岁：由于月亮绕地球旋转和地球绕太阳旋转周期不同，阴历要比阳历一年少十一天多，必须过几年设一闰月（"置闰"）才能使二者相合，否则四时会错乱。

允厘百工①，庶绩咸熙②。帝曰："畴咨若时登庸③？"放齐曰④："胤子朱启明⑤。"帝曰："吁⑥！嚚讼可乎⑦？"帝曰："畴咨若予采⑧？"驩兜曰⑨："都⑩！共工方鸠僝功⑪。"帝曰："吁！静言庸违⑫，象恭滔天⑬。"

 **注释**

①允：信，确实。厘：治，整饬。百工：百官。

②庶：众。绩：指政事。咸：都。熙：兴盛。

③畴：疑问代词，谁。咨：能。登庸：进用，提拔，也可以理解为登帝位。

④放（fǎng）齐：人名，传说中尧的大臣。

⑤胤（yìn）子：后嗣。朱：丹朱，尧之子。启明：智慧通达。

⑥吁（xū）：叹词，表惊讶。

⑦嚚（yín）讼：愚顽丧德并且心地凶狠。讼，通"凶"。

⑧若予采：（谁能）胜任我的官位。采，政事。

⑨驩（huān）兜：尧的大臣，传说中他与共工、三苗、鲧合称"四凶"。

⑩都（dū）：表示赞美的叹词。

⑪共工：尧的大臣。方：通"旁"，大。鸠：聚集、收集。僝（zhuàn）：具备，显现。

⑫静言庸违：善为巧言而行事邪僻。静，通"靖"，巧伪。庸，用。违，违背。

⑬象恭滔天：表面恭敬却不信天命。象，似。滔，通"慆"，轻慢。

帝曰："咨①！四岳②。汤汤洪水方割③，荡荡怀山襄陵④，浩浩滔天⑤，下民其咨⑥，有能俾乂⑦？"佥曰⑧："於⑨！鲧哉⑩。"帝曰："吁！咈哉⑪，方命圮族⑫。"岳曰："异哉⑬，试可乃已⑭。"帝曰："往！钦哉⑮。"九载，绩用弗成⑯。

注释

①咨：叹词。

②四岳：官名或大臣名。主持四岳的祭祀。

③汤（shāng）汤：波涛汹涌的样子。洪水：大水。割：同"害"，祸害。

④荡荡：形容水奔突动荡的样子。怀：包围。襄陵：淹没丘陵。襄，凌驾，这里指淹没。

⑤浩：水盛大的样子。滔：大水弥漫。

⑥咨：哀叹。

⑦有：谁。俾：使。乂（yì）：治理。

⑧佥（qiān）：皆，都。

⑨於（wū）：叹词，表示感叹。

⑩鲧（gǔn）：尧的大臣。相传是大禹的父亲，因治水失败而遭罪。

⑪咈（fú）：乖戾，违背。

⑫方：违抗。圮（pǐ）：毁害。

⑬异：奇怪，惊奇。

⑭已：通"以"，用。

⑮钦：敬。

⑯绩：功。

帝曰："咨！四岳。朕在位七十载①，汝能庸命，巽朕位②？"岳曰："否德③，忝帝位④。"曰："明明扬侧陋⑤。"师锡帝曰⑥："有鳏在下⑦，曰虞舜⑧。"帝曰："俞⑨！予闻⑩，如何？"岳曰："瞽子⑪，父顽，母嚚⑫，象傲⑬。克谐，以孝⑭烝烝⑮，乂不格奸⑯。"帝曰："我其试哉⑰！"

注释

①朕：古人自称，我。

②庸命：即"用命"，听从命令。巽：通"逊"，让。

③否（pǐ）：通"鄙"，鄙陋，微。

④忝（tiǎn）：羞辱，有愧于。

⑤明明：明察贤明之人。扬：传播，称颂。侧陋：隐匿。

⑥师锡帝曰：众人都对尧说。师，众人。锡，同"赐"，古代上对下、下对上都可用"赐"。

⑦鳏（guān）：老而无妻，也指死了妻子的人。

⑧虞舜：相传为古代黄河下游东夷部落的著名首领，名重华。

⑨俞：应答之辞，相当于"然"，哦。

⑩闻：听说。

⑪瞽（gǔ）：瞎子。

⑫父顽，母嚚：《左传·僖公·二十四年》云："心不则德义之经为顽，口不道忠信之言为嚚。"这里顽、嚚二字互文。《史记》载："舜母死，瞽叟更娶妻而生象。"知此"母"乃舜的继母。

⑬象：舜的异母弟。

⑭克谐以孝：能以孝行和谐家庭。

⑮烝（zhēng）烝：进献。

⑯格：至。

⑰ 其：将。

女于时^①，观厥刑于二女^②。厘降二女于妫汭^③，嫔于虞^④。帝曰："钦哉！"

 注释

① 女（nù）于时：把女儿嫁给舜。时，通"是"，指代舜。
② 观厥刑于二女：观察舜对待二女的德行、法度。刑，同"型"。二女，传说中尧的女儿娥皇、女英。
③ 厘：饬，命令。降：下（嫁）。妫（guī）：水名。
④ 嫔（pín）：帝王的女儿出嫁。

 译文

考查古代传说，帝尧，名叫放勋。他恭敬职事，通明事理，而且善治天下，谋虑深远，是一位温和宽厚的好帝王。他严谨不懈，并且懂得任用有才能的人做官，他的道德名望充溢于四海之外，以至于天地上下。尧发扬着他的大德，以身作则，使各个氏族和睦相处。各个氏族亲密和睦了，尧又辨明彰显朝中百官，协调他们的职守。百官和谐了，进而团结联络其他各个部落。天下老百姓都快乐和睦起来。

于是他又命令羲氏与和氏，恭敬地遵循上天的规律，根据日月星辰的运动规律，把推算总结出的历法知识告诉人民，以安排农时，方便耕作。

他任命羲仲居住在东方日出之处，即名为旸谷的地方，主持迎接日出的祭礼，并引导春天的农务按次序进行。他还指出，在昼夜一样长的日子，在南方天空正中，傍晚可看到鸟星，这时气候温和，说明正值仲春。人民分散在田野里劳作，鸟兽也在繁殖、生育。

他又任命羲叔居住在遥远的南交之地，观测太阳从北向南的移动情

况，恭敬地主持祭日之礼。白昼最长的日子，在南方天空正中，傍晚可以看到大火星，就说明正是仲夏时节。这时，尧让百姓住在高处以避水患，鸟兽的毛羽变得稀疏，以避炎热。

尧又任命和仲居住在位于西方日落之处的名为昧谷的地方，主持对落日的礼祭，引导秋收活动按次序进行。一年中的第二个昼夜一样长的日子，傍晚在南方天空正中可以看到虚星，这说明正值仲秋。此时百姓离开高地而住在平原，气候转凉，鸟兽开始长出新毛。

尧又任命和叔住到北方叫幽都的地方，以观测太阳从南向北的运行情况。白昼最短的日子，傍晚在南方天空正中可以看到昴星团，这说明现在正是仲冬时节。这时气候寒冷，人们都住在室内取暖，鸟兽也生出细软密集的毛给自己保暖。

帝尧说："唉！我告诉你们啊，羲氏与和氏！一年有三百六十六天，你们制定每个年岁时，就用设置闰月的方法调整四季吧！"

帝尧切实地整饬百官，政事处理得也很昌明。帝尧说："谁能治理好国家被提拔呢？"大臣放齐说："您的儿子丹朱开明通达，可以任用！"帝尧说："哎呀！他缺乏德行，而且本性凶狠，怎么能行？"帝尧又问："谁可以担任我的职位呢？"大臣驩兜说："哦！共工吧，他能聚合众力，已经显现一定能力了。"帝尧说："唉！他就会讲好话，但却阳奉阴违。表面恭敬，其实很傲慢，根本就不信天命。"

帝尧说："唉！四方的部落首领，汹涌的洪水形成巨大灾害，包围了高山，淹没了丘陵，百姓忧困不堪，谁能治理洪水？"四方部落首领与群臣都说："啊！鲧可以！"帝尧说："可是他违背法纪，常逆天行事，伤害同族的人，恐怕不行！"四方部落首领说："让他试一试，行的话就让他干。"帝尧说："那就让他去吧！叫他恭敬地对待他的职务！"可是九年过去了，鲧用"堵"的方法治水，毫无成效。

帝尧说："唉！四方的部落首领，我在位七十年了，你们之中有谁能够履行我的命令接替帝位？"四方部落首领说："我们的德行鄙陋，不能

玷辱这个位置。"帝尧说:"那就推举其他贤明之臣,或者隐没民间的人才。"大家都对帝尧说:"民间有一个单身汉名叫虞舜,是个人才。"帝尧说:"噢,我也听说过,那他的德行怎么样呢?"四方部落首领说:"他是一个瞎子的儿子,他的爸爸愚鲁,他的妈妈愚恶,他的弟弟象傲慢骄纵。但舜能用自己的孝行感化全家并和睦相处,家族事务也被他治理得很好,在他的影响下,他的家人都远离了不好的行为。"帝尧说:"那我将考验考验他!"

尧将两个女儿娥皇、女英嫁给舜,想以此考察他的为人。帝尧将两个女儿下到妫河的弯曲处,在那里嫁给了虞舜。尧说:"恭敬谨慎地处理政务吧!"

舜典^①

曰若稽古，帝舜，曰重华，协于帝^②。浚哲文明^③，温恭允塞^④，玄德升闻^⑤，乃命以位^⑥。

 **注释**

①舜典：记述舜事迹的典册书籍。本篇在西汉伏生今文本中是合在上篇《尧典》里的，并且没有开头的二十八字。

②协：相合。

③浚：深。

④允：诚实。塞：笃实。

⑤玄德：美德。

⑥命：任命，授予。

慎徽五典^①，五典克从^②。纳于百揆^③，百揆时叙^④。宾于四门^⑤，四门穆穆^⑥。纳于大麓^⑦，烈风雷雨弗迷。

 注释

①慎徽：恭谨宣美。五典：五种礼教，《左传·文公·十八年》有"父义、母慈、兄友、弟共（恭）、子孝"五教。

②克：能。从：顺从，听从。

③纳：入，赐予职务。百揆：百官。

④时叙：承顺，顺当。时，通"承"。叙，整齐，就绪。

⑤宾：引导，迎接宾客。四门：四方之门。

⑥穆穆：端庄恭敬的样子。

⑦麓：山林。

帝曰："格①！汝舜，询事考言②，乃言底可绩③，三载。汝陟帝位④。"

注释

①格：来，至，到。

②询：咨询，询问。考：考核。

③乃：你的。底（zhǐ）可绩：为"可底绩"的倒装，"底绩"乃当时成语，即取得成绩。底，致。

④陟：登，上。

舜让于德弗嗣①。正月上日②，受终于文祖③。在璿玑玉衡，以齐七政④。肆类于上帝⑤，禋于六宗⑥，望于山川⑦，遍于群神。辑五瑞⑧，既月乃日⑨，觐四岳群牧⑩，班瑞于群后⑪。

注释

①舜让于德弗嗣：舜以德襄赞而不推辞。让，同"攘"，襄助。于，以。弗嗣，犹云"无辞"，没有推辞。

②上日：朔日，即农历初一。

③受终：指尧的禅让。文祖：祖庙。

④在：观察。璿玑玉衡：北斗七星。齐七政：安排农事、行政等各项事务。七政，可理解为日、月和金、木、水、火、土五星。

⑤肆：遂。类：祭名，《五经异义》中解释："非时祭天谓之类。"可见"类"是一种祭祀的礼节。

⑥禋（yīn）：祭祀。六宗：即甲骨文中的"六示"，指六代祖先的神主。

⑦望：祭祀山川的礼节。

⑧辑：聚集。五瑞：五种美玉，《周礼·春官·典瑞》有公、侯、伯、子、男五等爵执桓圭、信圭、躬圭、谷璧、蒲璧五玉行拜日礼的记载。

⑨既月乃日：择吉月吉日。

⑩觐：朝见天子。牧：地方官员。

⑪班瑞：颁发"五瑞"。后：天子和诸侯都称后。

岁二月，东巡守①，至于岱宗②，柴③，望秩于山川④。肆觐东后⑤。协时月、正日⑥，同律、度、量、衡⑦。修五礼、五玉、三帛、二生、一死贽。如五器⑧，卒乃复⑨。

 注释

①巡守：即"巡狩"。

②岱宗：东岳泰山。

③柴：祭天之礼，祭时积柴，加牲于其上而焚烧。

④望秩：谓按等级望祭山川。

⑤觐东后：接受东方各氏族首领的朝见。

⑥协时月、正日：协和齐正四时节气、月之数、日之名，使各地相同。

⑦同：一致，统一。律：音律。度、量、衡：古代的度量衡制度源于音律，皆以黄钟数为基准。

⑧五礼：泛指几种礼，也可能是承上"慎徽五典"之目，但绝非所谓"吉凶军宾嘉"或"公侯伯子男"五礼。五玉：古代诸侯作符信用的五种玉。即璜、璧、璋、珪、琮。三帛：指缥帛、玄帛、黄帛。二生：二牲，或谓羔和雁（鹅）。一死贽：贽是古代卑者见尊者所献的礼物，死贽或谓野鸡。如：和，与。五器：五礼所备之器。

⑨复：返回。

五月，南巡守，至于南岳①，如岱礼②。八月，西巡守，至于西岳，如初③。十有一月，朔巡守④，至于北岳，如西礼⑤。归，格于艺祖⑥，用特⑦。

① 南岳：战国秦汉间文献中四岳、五岳之山多虚指，有的并非实际山名，难以在地理上坐实。今日习称之西岳华山、南岳衡山、北岳恒山，都是汉代以后的说法。

② 如岱礼：像巡狩泰山之礼一样。

③ 如初：像最初（巡狩泰山）之礼一样。

④ 朔：北，北方。

⑤ 如西礼：像西岳巡狩之礼。

⑥ 艺祖：有文德之祖。

⑦ 特：公牛。

五载一巡守。群后四朝①，敷奏以言②，明试以功③，车服以庸④。

① 四朝：朝于四岳之下。

② 敷奏：陈奏，向君上报告。

③ 明试以功：明确考察其功绩。

④ 车服以庸：用车马冠服表彰其功劳。庸，功。

肇十有二州①，封十有二山②，浚川③。

① 肇：通"垗（zhào）"，划分。十有二州：十二之数乃泛称，无确指。下"十有二山"同。

② 封：古代帝王或大臣在山上筑坛祭神的活动。

③ 浚川：疏通河道。

象以典刑^①，流宥五刑^②，鞭作官刑^③，扑作教刑^④，金作赎刑^⑤。眚灾肆赦^⑥，怙终贼刑^⑦。钦哉^⑧，钦哉，惟刑之恤哉^⑨！

注释

① 象：在犯人衣服上刻画不同的图像来表示惩罚。典：常。

② 流：放逐，流放。宥：宽容，饶恕。五刑：即《吕刑》篇有墨（刻面）、劓（yì，割鼻）、剕（fèi，断足）、宫（去生殖器）、大辟（死）五刑。

③ 官刑：古代惩戒官吏的刑罚之一，即鞭刑。

④ 扑：榎楚，古代学校中用作体罚的一种器具。教：学校。

⑤ 金：泛指钱币，钱财。赎：赎罪。《吕刑》篇还记载了各种刑罚出金赎罪的数额。

⑥ 眚（shěng）灾：因过失而造成灾害。肆：故。赦：赦免，对罪人免除刑罚。

⑦ 怙终：相当于今天的"怙恶不悛"，指作恶到底。贼：通"则"。刑：刑罚。

⑧ 钦：敬。

⑨ 恤：谨慎，忧惧。

流共工于幽州^①，放驩兜于崇山^②，窜三苗于三危^③，殛鲧于羽山^④，四罪而天下咸服。

注释

① 共工：尧的大臣。幽州：即上文的"幽都"。

② 崇山：山名。相传舜放驩兜之处。

③ 窜：放逐，迁逐。三苗：古民族名，东夷族的一支，属蚩尤部落，可参考下文《吕刑》篇。三危：古代西部边疆山名。

④ 殛（jí）：流贬、流放。羽山：山名，鲧遭流放而死之处。

二十有八载，帝乃殂落①。百姓如丧考妣②。三载，四海遏密八音③。

注释

①帝：指尧。殂（cú）落：死亡。

②考妣（bǐ）：父亲和母亲的尊称，特指已故的父亲和母亲。

③遏：止。密：静。八音：中国古代根据制作材料对乐器的分类，具体指金（如钟、铃）、石（如磬）、土（如埙）、革（如鼓）、丝（如琴）、木（如柷）、匏（如笙）、竹（如笛）八类。这里泛指所有音乐。

月正元日①，舜格于文祖②，询于四岳，辟四门③，明四目，达四聪④。咨十有二牧⑤，曰："食哉惟时⑥！柔远能迩⑦，惇德允元⑧，而难任人⑨，蛮夷率服⑩。"

注释

①月正元日：正月初一。

②格：到。

③四门：明堂四方的门。

④明四目，达四聪：苏轼《东坡书传》云："广视听于四方。"

⑤咨：商量，询问。十有二牧：十二州的官员。

⑥食哉惟时："惟时食哉"的倒装，"时"通"是"，"食"通"饬"，谨敬。

⑦柔远能迩：周代成语，怀柔远方，优抚近地。这里指安抚笼络远近之人而使归附。柔，安抚，怀柔。能，亲善。

⑧惇（dūn）：敦厚，厚道，诚实。元：善。

⑨难：拒斥，这里指疏远。任人：品行不端的人。

⑩蛮夷：泛指华夏族以外各民族。率服：顺服。

舜曰①："咨②！四岳，有能奋庸③，熙帝之载④，使宅百揆⑤，亮采惠畴⑥？"佥曰⑦："伯禹作司空⑧。"帝曰："俞⑨！咨禹，汝平水土⑩，惟时懋哉⑪！"禹拜稽首⑫，让于稷、契暨皋陶⑬。帝曰："俞！汝往哉！"

 注释

① 舜曰：别于上文所称"尧曰"，此处以下"帝曰"中的"帝"皆指舜。

② 咨：叹词，表叹息。

③ 有：谁。奋庸：谓努力建立功业。

④ 熙：振兴。载：事。

⑤ 宅：居于，处于。百揆：百官。

⑥ 亮：信，辅佐。采：事。惠：顺。畴：类。

⑦ 佥：皆，都。

⑧ 伯禹：即禹。相传禹从鲧腹中剖出，鲧为禹父，鲧又号称崇君，为伯爵。故禹又称伯禹。司空：周代官职名，此处是掌管水利之官。

⑨ 俞：相当于"好吧"。

⑩ 平：整治，平定。

⑪ 时：是。懋：勉励。

⑫ 稽（qǐ）首：跪拜礼，叩头到地。

⑬ 稷：人名，即后稷，又名"弃"，被奉为周的始祖。契：相传为殷商族的始祖。暨：与。皋陶（yáo）：又作"皋繇"，相传为东夷族首领，偃姓。

帝曰："弃①，黎民阻饥②，汝后稷③，播时百谷④。"

 注释

① 弃：稷的另一个名字，来源于《毛诗·生民》所载稷遭姜嫄抛弃的传说。

② 阻饥：饥饿。阻，忧患。

③后：主持。

④时：栽种，后写作"莳"。

帝曰："契，百姓不亲，五品不逊①。汝作司徒②，敬敷五教，在宽③。"

 注释

①五品：五种伦常道德，大概指"父义、母慈、兄友、弟共（恭）、子孝"。逊：顺。

②司徒：周代官职名。

③敷：传播，开展。五教：指父义、母慈、兄友、弟恭、子孝。

帝曰："皋陶，蛮夷猾夏①，寇贼奸宄②，汝作士③。五刑有服④，五服三就⑤。五流有宅⑥，五宅三居⑦。惟明克允⑧。"

 注释

①猾夏：侵乱中国。猾，扰乱。

②寇贼：盗匪，敌寇。奸宄（guǐ）：违法作乱。

③士：官名，兼掌军事和刑狱。

④服：承当。

⑤三就：指原野、市、朝三个行刑的场所。

⑥五流有宅：即上文"流宥五刑"。马融说："谓在八议，君不忍刑，宥之以远。"流，流放。宅，居。

⑦五宅三居：指五刑之流所居之处按远近分为三等。马融说："五等之差亦有三等之居，大罪投四裔，次九州之外，次中国之外。"

⑧克：能。允：信服。

帝曰："畴若予工①？"金曰："垂哉②！"帝曰："俞！"咨垂："汝

共工^③。"垂拜稽首，让于殳、斨暨伯与^④。帝曰："俞！往哉，汝谐^⑤。"

 注释

① 畴：谁。若：善，治理好。工：百工之长。

② 垂：舜的大臣，主管百工之事。

③ 共：担任。工：掌管百工之官。

④ 殳（shū）、斨（qiāng）：人名。伯与：人名。

⑤ 谐：宜。

帝曰："畴若予上下草木鸟兽^①？"佥曰^②："益哉^③！"帝曰："俞！"咨益："汝作朕虞^④。"益拜稽首，让于朱虎熊罴^⑤。帝曰："俞！往哉，汝谐。"

 注释

① 上：山。下：泽。

② 佥：都。

③ 益：即伯益。

④ 虞：官名，掌管山泽。

⑤ 朱虎熊罴：《孔传》以为朱虎、熊罴是二臣名，也有人认为是四个大臣的名字。

帝曰："咨！四岳，有能典朕三礼^①？"佥曰："伯夷^②。"帝曰："俞！咨伯^③，汝作秩宗^④。夙夜惟寅^⑤，直哉惟清^⑥。"伯拜稽首，让于夔、龙^⑦。帝曰："俞，往，钦哉！"

 注释

① 有：谁。典：主持。三礼：古代祭天、地、宗庙之礼。

②伯夷：相传为姜姓宗祖神，《吕刑》篇中他与夏族宗祖神禹、周族宗祖神稷同被上帝派到人间造福百姓，他掌管刑狱之政。但在本篇，伯夷的身份是礼官。

③伯：即伯夷。

④秩宗：古代掌管宗庙祭祀的官。

⑤寅：敬。

⑥直：正直，无私。清：廉洁、清明。

⑦夔（kuí）：舜的大臣，后为乐官。龙：舜的大臣，后为纳言之官。

帝曰："夔！命汝典乐①，教胄子②。直而温③，宽而栗④，刚而无虐⑤，简而无傲⑥。诗言志⑦，歌永言⑧，声依永⑨，律和声⑩，八音克谐⑪，无相夺伦⑫，神人以和。"夔曰："於⑬！予击石拊石⑭，百兽率舞⑮。"

 注释

①典：掌管，主管。乐：乐正。

②胄子：贵族子弟。

③直而温：正直而温和。

④宽而栗：宽容但谨敬。栗，谨敬，严肃。

⑤刚而无虐：刚毅但不苛暴。

⑥简而无傲：简易疏大但不傲慢。

⑦诗言志：《毛诗·大序》云："在心为志，发言为诗。"

⑧永：同"咏"。

⑨声依永：依歌咏的需要来运用宫、商、角、徵、羽五声。

⑩律和声：用律管来校定五声的音高。

⑪克：能。

⑫夺伦：失其伦次。

⑬於（wū）：叹词。

⑭石：磬。拊（fǔ）：拍，轻击。

⑮百兽率舞：各种野兽相率起舞。

帝曰："龙！朕塈谗说殄行^①，震惊朕师^②。命汝作纳言^③，夙夜出纳朕命，惟允。"

 注释

① 塈（jì）：痛心，憎恶。殄（tiǎn）行：恶行。殄，败坏。
② 师：众人。
③ 纳言：官名。《孔传》说："纳言，喉舌之官，听下言纳于上，受上言宣于下，必以信。"

帝曰："咨！汝二十有二人^①，钦哉，惟时亮天功^②。"

 注释

① 咨：叹词。二十有二人：苏轼《东坡书传》云："盖十二牧、四岳、九官也。"
② 亮：通"谅"，辅助。功：事。

三载考绩。三考，黜陟幽明^①，庶绩咸熙。分北三苗。

 注释

① 黜：贬退，废免。陟：升。幽：暗。明：贤明。

舜生三十征庸^①，三十在位，五十载，陟方乃死^②。

 注释

① 征庸：征用。
② 陟方乃死：韩愈说"陟方"即升暇、徂落，犹云"升天"。《孟子·离娄下》说舜"卒于鸣条"。

译文

考查古代传说，舜帝，名叫重华，和尧帝志同道合。他有深远的智慧，而且文明、温恭、诚实，他的美德上传被朝廷知道后，于是尧帝便授予他官位。

舜谨慎地推行父义、母慈、兄友、弟恭和子孝五种伦常礼教，人们都能顺从。舜总理百官，百官也都能服从他。舜开四方之门以接待各方诸侯来朝者，宾客肃然起敬。舜去山林中，经受风雨的考验，舜在烈风雷雨中也不迷失方向。

尧帝对舜说："来吧！舜，三年来我询问你的政绩，考量你说的话，发现你的确取得了不少成绩，你来登帝位吧。"

舜欲以德赞扬尧的禅让，于是不再推辞。正月初一这天在尧的太庙举行了禅位大典。舜即位后，观察北斗七星，推测日月及五星的运行规律，以此来安排四季农事与民生要政。接着举行了祭天的大典，以精诚的祀之礼祭告六代祖先，以望之礼祭祀山川，祀礼遍及群神。又聚敛了诸侯觐见所持的信符瑞玉，选择了吉月吉日接受四方诸侯君长的朝见，然后将瑞玉分别颁发给他们。

这年二月，舜向东巡狩，到了泰山，用燔柴焚燎的祭礼祭天，以望祭之礼祭祀山川。接着接受了东方诸侯的朝见。规定了四时节气、月之数、日之名，并且统一了音律和度、量、衡的定制。舜还制定五种礼法，规定臣子觐见时所持献的礼物：五种瑞玉、三种彩帛、两种活物（羊羔和鹅），一种死雉（野鸡），以及相应的五礼之器。礼毕之后，就返回了。

五月，舜又向南巡狩，到了衡山，像祭祀泰山一样祭祀衡山。八月，向西巡狩，到了华山，也像祭祀泰山一样祭祀华山。十一月，向北巡狩，到了恒山，像祭祀华山一样祭祀恒山。回朝后到祖祢之庙，用一头公牛祭祀。

舜规定每五年巡狩一次。四方诸侯分别在四岳朝见天子，朝见时，

诸侯须向天子报告自己的政绩，然后天子据其所言认真考察其功绩，按功劳赏赐车马冠服。

他还划定天下为十二州，在十二座山上封土为坛来做祭祀，同时疏通了河道。

他把在人的衣服上刻画代表不同刑罚的图案，作为惩罚犯人的主要方式。用流放之法替代五种常见的刑罚，用鞭笞惩罚怠慢公务的人，用荆条来惩罚不服从教育的人，无论哪种惩罚，都可以用货币来赎刑。如果不小心犯错，可以免于刑罚，但故意犯罪的人必须受罚。敬重啊！敬重啊！要谨慎对待刑罚啊！

他把共工流放到幽都，把驩兜流放到崇山，把三苗驱逐到三危山，把鲧流贬到羽山，至死不得回朝。处罚了这四个罪人，天下的人就心悦诚服了。

舜摄理朝政二十八年后，帝尧便去世了，百姓们都像自己父母死了一样悲痛。三年之内，全国上下不奏音乐。

正月初一，舜到祖庙祭告，和四方诸侯商议国事，开明堂四方的门，以招揽贤俊之士，广视听于四方，以增加博闻远见。他还告诫十二州的长官："你们要多加谨慎啊！能服外者须先使内部亲善，要修养厚德，信用善人，疏远奸人，才能感化四方蛮夷竞相归服。"

舜还说："唉！四方诸侯啊，谁能振兴我帝王家的功业，能够统率百官，辅佐朝政？"大家都说："让伯禹担任司空吧。"舜说："好！禹，你治理水土很有功劳，好好重视这个工作啊！"禹跪拜叩头，推让稷、契或皋陶来担任。舜说："好了！还是你去干。"

舜又说："弃，老百姓陷入饥荒很久了，你去担任主管农政的稷官，带领大家种植庄稼。"

舜说："契，现在百姓不够团结，也不在乎礼法伦常。你担任司徒这种官职，去推行父义、母慈、兄友、弟恭、子孝这五种伦常道德吧，但不要太严厉，对百姓温和一点。"

舜说："皋陶，现在外有蛮夷侵犯我们，内有盗窃作乱之事，你去担任法官，掌管军事和刑狱吧。五刑都要有承服者，原野、市、朝三个地方各当其处，宽宥相应的流放刑罚，远近各有所居。但要察明事实，谨慎定罪，百姓才愿意信服。

舜问："谁能管理好我的百工？"群臣回答："垂呀！"舜说："好，垂来担任百工的官职吧。"垂还想推让给殳、斨和伯与。舜说："好了，还是你来吧，你更适合这个职位。"

舜问："谁能治理农林牧渔？"大臣们说："益呀！"舜说："好，就让益担任掌管这些事务的虞官！"益跪拜并且推荐朱、虎、熊、黑四人。舜说："好了，你才是最适合这个职位的。"

舜问："四岳啊，有谁能主持我的三礼之政？"群臣都说："伯夷。"舜对伯夷说："好吧！伯夷，任命你做秩宗之官，管理祀典。一早一晚都要恭敬地去祭祀鬼神，祭祀时的陈辞，要正直而清明。"伯夷想要推让给夔、龙。舜说："好吧！还是你去担任这个职务吧，可要恭敬啊！"

舜说："夔，任命你为乐正之官，教导贵族子弟，让他们正直温和，宽容又明辨是非，刚强但不苛刻，简朴谦逊。诗教是用来抒发高尚志节的，歌咏可以进一步宣扬诗的思想，运用五声唱歌，这样乐器才能不走调，也能使听众感到快乐。"夔说："啊，我拍打石磬，人们扮成百兽翩翩起舞。"

舜说："龙，我憎恶那些蛊惑众人的谗言，你来担任纳言之官，一早一晚替我掌管命令政教，要保证言论真实不误。"

舜说："你们二十二个人要恭敬地对待上天赐予你们的使命。"

此后，舜每三年举行一次政绩考核，经过九年三次考核，罢免了没有成绩的官员，提拔了贤明之士，国家各项政事都兴盛起来。又将三苗的一部分分出来迁到了北方。

舜三十岁时被尧征用，施政三十年，在帝位五十年，在南巡时去逝。

故事

·有孝心的舜·

舜帝是三皇五帝之一，也是中华道德文化的鼻祖。你一定好奇，这位生活在好几千年前的老祖先是什么样的。

舜帝的童年十分不幸。他的母亲早逝，父亲瞽叟是个盲人，娶了一个恶毒的继母。不久之后，继母生了一个男孩，这个男孩叫象，是舜的同父异母弟弟。继母和弟弟十分看不惯舜，时间久了，连舜的父亲也跟着舜的继母和象一起排斥舜。他们不光让舜干家里的重活，还用棍子打他。这还不算，一家人经常想方设法陷害他。

有一次，他们骗舜爬到谷仓的顶上，然后放了把火，试图烧死他。舜感到很害怕，谷仓那么高，如果他跳下去，会被摔死的。刚好这时他身边有两个斗笠，他急中生智，赶紧举起斗笠，把它们当作降落伞，然后安然无恙地跳了下来，就这样舜成功逃离了火海。瞽叟见陷害不成，又换了种方法。有一天他们让舜去挖井，就在舜挖到一定深度的时候，恶毒的瞽叟和象居然开始填土，企图活埋舜。这一次舜依然很幸运，从一条地下小道逃了出来。见舜如此幸运，他们又让舜去历山耕田，企图累死他。可是这一次更加神奇，天帝派来了很多种小动物帮助舜耕田，不一会儿，历山下的土地就变成了良田。其实，之前舜每次遇险，都是天帝在默默地帮助他。

为什么舜每次都这么幸运？难道他是被天帝选中的幸运儿吗？并不是。据说舜非常孝顺，而且心胸宽广，虽然他的父亲、继母和弟弟三番五次地陷害他，平时对他也很苛刻，但他依然对父亲和继母很恭敬，对弟弟也很友善，因此感动了上天。后来，尧帝得知了他的遭遇，认为他

是一个心胸十分宽广的人，这种品质太难得了，于是想把他招揽到自己的身边，帮助他治理部落。在尧帝生活的那个年代，做官不需要考试，但需考察人品和才能。所以尧帝去实地考察了他的人品，在发现他确实是一个不错的人之后，把自己的两个女儿嫁给了他，以进一步了解他的为人。

舜对两位妻子都很好，顺利地通过了尧帝的考核，成为他的大臣。舜尽心竭力地辅佐他，帮助他治理部落。有一天，尧帝觉得自己年纪大了，想把王位传给有能力的人，思来想去，认为舜是最佳人选。谁知为人谦逊的舜怎么都不肯接受尧帝的让位，连连推辞。尧帝没有办法，一直劝说他，最终把他说服了。

舜继位之后，果然成了一位很贤德的部落首领。在他的治理下，人们过着幸福安定的生活。

大禹谟①

曰若稽古，大禹，曰文命②，敷于四海③，祗承于帝④。曰："后克
艰厥后⑤，臣克艰厥臣，政乃乂⑥，黎民敏德⑦。"

 注释

①大禹谟：本篇记载了大禹、伯益、皋陶和帝舜讨论政事，以及大禹受舜
禅位、开拓疆域等经过，属东晋晚出《古文尚书》。大禹相传是原始社会末期夏
部落的首领，姒姓，名文命，又称夏禹。传说是鲧之子，继其父之后治水，疏
导有方，获得成功。后来接受舜的禅让，成为部落首领，其子启为夏朝的建立
者。谟，谋。

②文命：禹的名字。

③敷：布，施，传布，散布。四海：指天下四方。

④祗：恭敬。帝：指尧、舜二帝。

⑤后：指部落首领或者君主。艰：艰难，困难。

⑥乂：治理。

⑦敏：勤勉。

帝曰："俞！允若兹①，嘉言罔攸伏②，野无遗贤③，万邦咸宁④。稽
于众⑤，舍己从人，不虐无告⑥，不废困穷⑦，惟帝时克⑧。"

 注释

①允：的确。若：如。

②嘉：善。攸：所。伏：隐藏。

③野：民间。

④万邦：天下四方氏族部落。后引申为天下，全国。咸：都。宁：安宁。

⑤稽：考察。

⑥虐：残害，虐待。无告：指鳏寡孤独、无所依靠的人。

⑦废：舍弃，停止。

⑧时：通"是"。克：能够。

益曰："都^①！帝德广运^②，乃圣乃神^③，乃武乃文。皇天眷命^④，奄有四海^⑤，为天下君。"

注释

①都（dū）：叹美之词。

②运：远。

③乃：如此。

④眷：顾念，眷顾，垂爱。

⑤奄：尽。

禹曰："惠迪，吉^①；从逆，凶^②。惟影响^③。"

注释

①惠：顺。迪：道理，应该遵循的行为准则。

②逆：违背，不服从。

③影响：《孔传》说："吉凶之报，若影之随形，响之应声。"

益曰："吁！戒哉，儆戒无虞^①，罔失法度^②，罔游于逸，罔淫于乐^③。任贤勿贰^④，去邪勿疑，疑谋勿成^⑤，百志惟熙^⑥。罔违道以干百姓之誉^⑦，罔咈百姓以从己之欲^⑧。无怠无荒，四夷来王。"

注释

①儆（jǐng）：警备，戒备。虞：差错，失误。

②罔：不，不要。

③淫：过度，放纵，无节制。

④贰：不专一。

⑤疑谋：犹豫不决的谋划。

⑥百志：各种思考。

⑦干：求。

⑧咈（fú）：乖戾，违背。

禹曰："於①！帝念哉②！德惟善政，政在养民。水、火、金、木、土、谷惟修；正德、利用、厚生惟和③。九功惟叙④，九叙惟歌⑤。戒之用休⑥，董之用威⑦，劝之以九歌⑧，俾勿坏⑨。"

 **注释**

①於：叹词。

②帝：指舜。念：思量，考虑。

③正德、利用、厚生：即下文的"三事"。

④九功：指上文水、火、金、木、土、谷（即下文的"六府"）及正德、利用、厚生（"三事"）。叙：秩序，次序。

⑤歌：歌颂。

⑥用：以。休：美。

⑦董：督察，监督。

⑧九歌：九德之歌。

⑨俾：使。

帝曰："俞！地平天成①，六府三事允治②，万世永赖，时乃功③。"

注释

① 地平：地上的水患得到治理。天成：万物自然成长。

② 允：切实，确实。

③ 时：通"是"。乃：你的。

帝曰："格，汝禹①！朕宅帝位三十有三载②，耄期倦于勤③。汝惟不怠，总朕师④！"

注释

① 格：至，到，来。

② 宅：居。有：又。

③ 耄（mào）期：高年。《孔传》说："八十九十曰耄，百年曰期年。"倦：疲劳，劳累。勤：勤劳于职事。

④ 总：统领，集中。师：众。

禹曰："朕德罔克①，民不依。皋陶迈种德②，德乃降③，黎民怀之。帝念哉！念兹在兹④，释兹在兹⑤。名言兹在兹⑥，允出兹在兹⑦。惟帝念功！"

注释

① 罔克：不能。即不能胜任。

② 迈：通"劢"。勤勉，努力。种：施行，开展。

③ 降：降及下民。

④ 念兹在兹：考虑到德行为皋陶所具备。上一个"兹"指代德，下一个"兹"指代皋陶。

⑤ 释：通"怿"，喜悦。

⑥ 名言：称说，描述。

⑦ 出：发出，发布。

帝曰："皋陶，惟兹臣庶，罔或干予正①。汝作士②，明于五刑③，以弼五教④，期于予治⑤。刑期于无刑，民协于中⑥。时乃功，懋哉⑦。"

注释

① 或：有人。干：冲犯。正：通"政"。

② 士：古代主管刑狱的官。

③ 五刑：即《吕刑》篇墨、劓、剕、宫、大辟五刑。

④ 弼：辅佐，辅助。五教：即《左传·文公·十八年》之"父义、母慈、兄友、弟共（恭）、子孝"五教。

⑤ 期：合。

⑥ 中：中正之道。

⑦ 懋：勉力，努力。

皋陶曰："帝德罔愆①，临下以简②，御众以宽③；罚弗及嗣，赏延于世④。宥过无大⑤，刑故无小⑥；罪疑惟轻，功疑惟重⑦；与其杀不辜⑧，宁失不经⑨；好生之德，洽于民心⑩。兹用不犯于有司⑪。"

注释

① 愆（qiān）：过错，过失。

② 简：简单，简略。

③ 御：统治，治理。

④ 延：延续，扩及。

⑤ 宥：宽恕。过：过失，犯错。

⑥ 刑：动词，刑杀。故：故意犯罪。

⑦ 罪疑惟轻，功疑惟重：蔡沈在《书集传》中说："罪已定矣，而于法之中，有疑其可重可轻者，则从轻以罪之。功已定矣，而于法之中，有疑其可轻

可重者，则从重以赏之。"

⑧不辜：无罪。

⑨不经：不合常法。

⑩洽：沾润。

⑪有司：指刑狱司法。

帝曰："俾予从欲以治①，四方风动②，惟乃之休③。"

 注释

①从欲以治：蔡沈在《书集传》中说："民不犯法，而上不用刑者，舜之所欲也。"

②四方风动：指四方百姓像风一样鼓动应合。

③休：美德。

帝曰："来，禹！降水儆予①，成允成功②，惟汝贤。克勤于邦，克俭于家，不自满假③，惟汝贤。汝惟不矜④，天下莫与汝争能；汝惟不伐⑤，天下莫与汝争功。予懋乃德⑥，嘉乃丕绩⑦，天之历数在汝躬⑧，汝终陟元后⑨。人心惟危，道心惟微⑩，惟精惟一⑪，允执厥中⑫。无稽之言勿听，弗询之谋勿庸⑬。可爱非君？可畏非民？众非元后，何戴⑭？后非众，罔与守邦？钦哉！慎乃有位，敬修其可愿⑮。四海困穷，天禄永终⑯。惟口出好兴戎⑰，朕言不再。"

 注释

①降水：一作"洚水"，大水，洪水。儆：告诫，警告。

②成允成功：蔡沈说："允，信也。禹奏言而能践其言，试功而能有其功，所谓成允成功也。"

③假：大，自大。

④矜：自夸贤能。

⑤伐：自夸其功。

⑥懋：勉励。

⑦丕：大。绩：功绩。

⑧历数：历运之数，指帝王相继的次序。躬：自身。

⑨陟：登上。元后：帝位。

⑩微：小，细，少。

⑪精：精诚。一：专一。

⑫允：的确。中：中正之道。

⑬询：咨询，核实。庸：用。

⑭戴：爱戴，拥戴。

⑮可愿：指民众之所愿。

⑯天禄：上天赐的福禄。

⑰好：好话，善言。兴戎：发动战争，发动争端，引起争端。

禹曰："枚卜功臣①，惟吉之从。"帝曰："禹！官占②，惟先蔽志③，昆命于元龟④。朕志先定，询谋佥同⑤，鬼神其依，龟筮协从⑥，卜不习吉⑦。"禹拜稽首，固辞⑧。帝曰："毋！惟汝谐。"

注释

①枚卜：一一占卜。古代以占卜法选官，因此这里指选用官员。

②官占：掌占卜之官，这里也可以理解为占卜的方法。

③蔽：断定。

④昆：后。引申指后嗣。命：占卜。元龟：用于占卜的大龟。

⑤谋：谋议。

⑥龟：龟甲。筮（shì）：蓍草。

⑦习吉：谓再卜重得吉兆。

⑧固辞：坚决推辞。

正月朔旦①，受命于神宗②，率百官若帝之初③。

 注释

① 朔：阴历每月初一。

② 神宗：尧的宗庙。

③ 若帝之初：指禹受舜禅位，其礼和当初舜受尧禅让相同。

帝曰："咨①，禹！惟时有苗弗率②，汝徂征③。"禹乃会群后④，誓于师曰："济济有众，咸听朕命。蠢兹有苗⑤，昏迷不恭⑥，侮慢自贤⑦，反道败德。君子在野，小人在位。民弃不保，天降之咎。肆予以尔众士⑧，奉辞伐罪⑨。尔尚一乃心力⑩，其克有勋⑪。"

 **注释**

① 咨：叹词。

② 有苗：三苗族。率：遵循，服从。

③ 徂（cú）：往。

④ 群后：指四方氏族部落首领。

⑤ 蠢：骚动的样子。

⑥ 昏：暗昧。迷：迷惑。

⑦ 侮慢：对人轻忽，态度傲慢，乃至冒犯无礼。自贤：妄自尊大。

⑧ 肆：因此，所以。

⑨ 辞：命令。

⑩ 尚：庶几。

⑪ 勋：功勋。

三旬①，苗民逆命②。益赞于禹曰③："惟德动天，无远弗届④。满招损，谦受益，时乃天道。帝初于历山⑤，往于田，日号泣于旻天⑥，于父母，负罪引慝⑦。祇载见瞽瞍⑧，夔夔斋慄⑨。瞽亦允若⑩。至诚感神，矧兹有苗⑪。"禹拜昌言曰⑫："俞！"

注释

① 三旬：三十天。

② 逆命：违抗命令。

③ 益：伯益。赞：辅佐，进言。

④ 届：至，到达。

⑤ 帝：指舜。历山：舜初耕作之地，具体所在不可考。

⑥ 日：每天。旻天：天。

⑦ 负罪：蔡沈说："自服其罪，不敢以为父母之罪。"引慝（tè）：蔡沈说："自引其慝，不敢以为父母之慝也。"慝，邪恶，恶念。

⑧ 祗：敬。载：服侍。瞽瞍：舜的父亲。

⑨ 夔夔：敬谨恐惧的样子。斋：恭敬。慄：战慄。

⑩ 允若：顺从。

⑪ 矧（shěn）：何况，况且。

⑫ 昌言：善言。

班师振旅①，帝乃诞敷文德②，舞干羽于两阶③。七旬，有苗格④。

 注释

① 班：还，指军队出征归来。振：整顿。

② 诞：大。敷：布，指施行。

③ 干、羽：舞具。干，盾牌。羽，翳。两阶：宫廷的东、西阶梯。主人走东阶，客人走西阶。

④ 格：来，归顺。

 **译文**

考察古代的历史，大禹，名叫文命，他治理天下，恭谨地辅佐舜。他说："君主要能认识到当君主的艰难，臣子能够认识到做臣子的艰难，

政事就可以得到治理了，百姓也会勉力于德行。"

帝舜说："对啊！确实如此，善良无所隐伏，贤人没有被遗留在民间，天下四方都平安无事。考察众人的意见，舍弃自己的见解，遵从别人的正确意见，不虐待无依无靠的人，不冷落贫穷困苦的人，只有帝尧才能够做到。"

伯益说："啊，帝尧的德行广大深远，如此圣明而神妙，兼备文德武略，于是上天垂爱他并赋予他重任，使他享有四海之地，成为天下的君主。"

大禹说："顺从善道就获得吉祥，违背善道就会产生灾祸。就像影随着形体，回响随着声音一样。"

伯益又说："警惕啊！时时戒备就不会失误，不要失去律法制度，不要耽于安逸，不要过分享乐。任用贤能之人，不要轻信小人之言去怀疑他；消灭奸邪小人时，不要犹豫不决；没有把握的谋略不要施行。不要违背正道来求得民众赞誉，不要违背民众利益来满足私欲。如果不懈怠，不荒废政事的话，周边各族就会自动臣服。"

大禹说："哎呀！大王您可要深思啊！德政才是好的政治，好的政治在于使百姓生活得好。水、火、金、土、木、谷六府之事要经营好；端正父慈、子孝、兄友、弟恭、夫义、妇听这些德行，发展工作什器、商贸货财利民之用，给百姓衣帛食肉，使他们不饥不寒，家庭道德、商贸财用、衣食住行等方面要顺利实行，百姓才会歌颂君王。拿善言来劝诫百姓，用威罚监督百姓，再用九德之歌来鼓励百姓，使政事不会败坏。"

帝舜说："对啊！地上的水患得到治理，万物自然成长，六府三事得到切实的治理发展，这些造福千秋万代的事业，都是你的功劳。"

帝舜说：'往前来，禹！我在位已经三十三年了，处理政务让我这个近百岁的人感到疲倦，就让你来统领我的民众吧。"

大禹说："我的德行还不够，不能当此重任，民众也不会依附。皋陶勤勉树立德政，德行普及到黎民百姓，百姓都归向他。您要好好考虑皋陶的功德呀！考虑到德行为皋陶所具备，对德诚服发自内心的也是皋陶。君主应该考虑皋陶的功绩呀！"

帝舜说："皋陶啊！这些臣民从没违犯法制，你作为掌管刑狱的官员，知道用五刑来辅助五教的实施，合于我的统治。施刑是为了实现无刑，这样民众才能走上中正之道。这是你的责任，要努力啊！"

皋陶说："君主，您的德行没有任何过失。您用简约的制度统率臣子，用宽容的心治理民众，惩罚不延及其后代子孙，奖赏则延及其后代子孙。如果过失犯罪，罪行虽大，也可以得到宽恕；如若故意犯罪，罪行虽小，都要施加刑罚。处罚轻重不确定时，就从轻发落；功劳奖赏大小无法确定时，就从重赏赐；与其误杀无罪之人，宁可放过不守正道的人。这种仁爱之心，不乱杀戮的美德，深深合于民心。因此，百姓也不会触犯刑法。"

帝舜说："使我能如愿地统治天下，四方百姓像风一样鼓动应合，只有你的美德。"他说："来，禹！洪水在警告我们，你完成了你的承诺，治水成功，这是你的贤能。你勤劳于国事，居家生活节俭，从不自满自大，也是你的贤能。你从来不自夸，但天下没有人能和你争能。你从来不自夸其功，但天下也没有人能和你争功。我赞扬你的美德，嘉许你的大功，君主大位将落在你身上，你终要登上帝位。人心是危险的，道心精微难测，只有精诚专一之人，才能守住中正之道。没有经过验证的话不要听，没有咨询过公众意见的谋略不能采用。民众爱戴的不就是君王吗？君王畏惧的不正是民众吗？除了君王，百姓还拥戴谁呢？君王离开了民众，就没有人来安邦定国了。要恭敬啊！谨慎对待君位，恭敬地达成民众的愿望。如果天下百姓都困苦，你所受天福也会终结的。至于口能赞扬善行，也会引起战争，我的话就不再重复了。"

大禹说："还是逐个来占卜有功之臣，选择有吉卜的继位吧！"帝舜说："禹！贞人占卜的方法，是先断定志向，然后用大龟占卜。我的

志向已定，与大家谋议的结果一样，鬼神将会依从，龟筮也会依从的，况且占卜的方法，不需要重复出现吉兆。"大禹跪拜叩头，坚决推辞。帝舜说："不要推辞了，只有你才是合适的人选。"

正月初一的早晨，大禹在帝尧的神庙里接受舜的大命，率领百官举行大典，像帝舜当初接受帝尧禅让一样。

帝舜说："唉，禹！那三苗不服从我们的统治，请你前往征讨！"于是大禹召集四方首领，在军队前发布誓词："众位将士，都听我命令！三苗蠢蠢欲动，败坏道德，搞得贤能君子被抛弃，奸佞小人得到重用；民众被抛弃，得不到安宁。上天便把灾难降给他们。因此，我率领诸位将士，奉君王之命征伐有罪的三苗，大家同心协力，才能建立功勋！"

经过三十天的激烈奋战，三苗还是不顺从。伯益向禹进言说："只有道德才能感天动地，感化敌人，无论多远都能归服。自满招致损害，谦逊得到裨益，这是自然之理。当初帝舜在历山耕田时，每天都向上天呼号哭泣，对于父母的行为，他总是引咎自责。他服侍父亲瞽叟时恭恭敬敬，拜见父亲时，庄重又敬畏。瞽叟也渐渐对他和顺了。他的至诚之心可以感动神灵，何况这三苗呢？"大禹拜谢了这番美言，说："对啊！"

他整顿队伍，班师回朝。于是大禹在天下大施德政，对百姓十分仁慈。百姓们经常挥着盾牌、美羽在宫廷前的台阶上跳舞。七十天后，三苗前来归顺。

禹贡^①

禹别九州，随山浚川，任土作贡。

禹敷土^②，随山刊木^③，奠高山大川^④。

 注释

①禹贡：本篇是中国最早的地理著作，讲述了大禹治水、划分九州，并记载了九州的山川、土壤、物产、贡赋等。本篇的主体内容反映了春秋时期的地理状况，但也经过了战国人的增益加工。贡，进献。

②敷：分。

③刊：砍削。

④奠：定，建立。

冀州^①：既载壶口^②，治梁及岐^③。既修太原^④，至于岳阳^⑤；覃怀底绩^⑥，至于衡漳^⑦。厥土惟白壤^⑧，厥赋惟上上^⑨错^⑩，厥田惟中中^⑪。恒、卫既从^⑫，大陆既作^⑬。岛夷皮服^⑭。夹右碣石入于河^⑮。

 注释

①冀州：禹划九州之一，是天子直接管理的王畿。大致范围在现在山西和河北西部。

②既：已。载：成。壶口：山名。

③治：治理。梁：山名。岐：山名。

④修：治理。太原：在今山西太原一带。

⑤岳阳：太岳山以南的区域。岳，太岳山，在今山西霍州市东。

⑥覃（qín）怀：在今河南武陟、沁阳一带。厎：致。绩：功。

⑦衡漳：漳水横流入黄河，故称。衡，通"横"，谓漳水横流。

⑧惟：用于判断。白壤：一种沙质含盐的土壤，因洪水流过，又经蒸发所致。这种盐碱地农作物产量很低。

⑨上上：第一等，《禹贡》将九州田、赋分作九等，即上上、上中、上下、中上、中中、中下、下上、下中、下下。

⑩错：杂。这里指杂出第二等赋税。

⑪中中：第五等。

⑫恒、卫既从：意谓恒、卫二水已治好，顺利流泻了。

⑬大陆：大陆泽，在今河北巨鹿县西北，是古代内陆湖泊，后大都淤成平地。作：耕作。

⑭岛夷：古代居住在东海岛上的民族。皮服：这个地区所贡物品。

⑮夹：《东坡书传》云："夹，挟也，自海入河，逆流而西，右顾碣石，如在挟腋也。"

济、河惟兖州①。九河既道②，雷夏既泽③，灉、沮会同④。桑土既蚕⑤，是降丘宅土⑥。厥土黑坟⑦，厥草惟繇⑧，厥木惟条⑨。厥田惟中下。厥赋贞⑩。作十有三载⑪，乃同⑫。厥贡漆、丝，厥篚织文⑬。浮于济、漯⑭，达于河⑮。

 注释

①济：古代四渎之一，源出河南济源市，汉代经今河南武陟县流入黄河，又向南流入山东。惟：是。兖（yǎn）州：地名。

②九河：泛指古兖州境内黄河下游的诸多河道。道：通。

③雷夏：大泽名。

④灉（yōng）、沮：二水名，都是黄河支流。

⑤桑土：土地上种桑树。

⑥丘：人工堆建用于抵抗洪水的土坡。

⑦黑坟：一种含有黑色植物腐质肥料的灰棕壤。坟，土堆，高地。

⑧蘖：抽，发芽。

⑨条：长条的，长的。

⑩贞：金履祥在《尚书表注》中说"贞"为篆文"下下"之讹，可从。下下，即第九。

⑪作：开垦，耕作。

⑫同：同于他州。

⑬筐（fěi）：圆形的盛物竹器。织文：染丝织成花纹的丝织品。

⑭浮：以船行水。漯（tà）：水名，古代黄河的支流。

⑮达：通。

海、岱惟青州①。嵎夷既略②，潍、淄其道③。厥土白坟④，海滨广斥⑤。厥田惟上下，厥赋中上。厥贡盐、绨，海物惟错⑥，岱畎丝、枲、铅、松、怪石⑦。莱夷作牧⑧，厥筐檿丝⑨。浮于汶⑩，达于济。

 注释

①海：渤海。岱：泰山。青州：今山东半岛，东北至辽宁东部。

②嵎夷：泛指古代东方少数民族，这里指居住在辽东的一部分少数民族。略：划定地界。

③潍：潍河，源于今山东莒县北潍山。淄：淄河，源于山东益都县。道：治理，疏通。

④白坟：浅色的肥沃土壤，指灰壤或浅色草甸土。

⑤斥：盐卤地。

⑥盐：海盐。绨（chī）：细葛布。海物：鱼蟹一类可以食用的海产品。惟：与。错：错杂，言种类繁多。

⑦岱畎（quǎn）：泰山的沟谷。丝：蚕丝。枲（xǐ）：雄株麻。铅：孔颖达说："铅，锡也。"怪石：形状怪异的玉石。

⑧莱夷：活动在今山东半岛的夷人。作牧：（向中央王朝）进献牲畜。

⑨檿（yǎn）丝：柞蚕丝。檿，山桑，即柞树。

⑩汶（wèn）：汶水，源出今山东莱芜。

海、岱及淮惟徐州①。淮、沂其乂②，蒙、羽其艺③。大野既猪④，东原厎平⑤。厥土赤埴坟⑥，草木渐包⑦。厥田惟上中，厥赋中中。厥贡惟土五色⑧，羽畎夏翟⑨，峄阳孤桐⑩，泗滨浮磬⑪，淮夷蠙珠暨鱼⑫，厥篚玄纤缟⑬。浮于淮、泗，达于河⑭。

注释

① 淮：淮河。

② 沂：沂水，源于山东沂水县北。乂：治理。

③ 蒙：蒙山，在山东蒙阴县西南。羽：羽山。艺：种植。

④ 大野：巨野泽，在今山东巨野县境。猪：同"潴"，水停聚、聚集。

⑤ 东原：在今山东泰安至东平一带。厎：成功。

⑥ 赤埴（zhí）坟：棕色的黏性肥土。埴：黏土。

⑦ 渐：逐渐生长。包：通"苞"，草木丛生。

⑧ 土五色：指青、红、白、黑、黄五种不同颜色的土。

⑨ 羽畎：羽山的山沟。夏翟（dí）：山雉，即长尾野鸡，羽毛可作装饰。

⑩ 峄（yì）：山名。孤桐：桐树中之特优者称孤桐。

⑪ 泗：水名。浮磬：一种石头。

⑫ 淮夷：淮北之夷，在徐州之域。蠙（pín）珠：蚌珠。

⑬ 玄：黑中带红的颜色。纤：细。缟：白色丝织物。

⑭ 河：水名，出定陶西南。部分资料作"菏"。

淮、海惟扬州。彭蠡既猪①，阳鸟攸居②。三江既入③，震泽厎定④。篠簜既敷⑤。厥草惟夭⑥，厥木惟乔⑦。厥土惟涂泥⑧。厥田惟下下，厥赋下上上错。厥贡惟金三品⑨，瑶琨篠簜⑩，齿、革、羽、毛惟木⑪。岛夷卉服⑫，厥篚织贝⑬，厥包、橘、柚、锡贡⑭。沿于江海，达于淮、泗。

 注释

① 彭蠡 (lǐ)：长江北岸一个大湖泊或湖泊群，非今鄱阳湖。猪：同"潴"。

② 阳鸟：鸿雁一类的候鸟。攸居：安居。

③ 三江：指彭蠡泽以东长江及其支流诸水。

④ 震泽：太湖。厎：致。

⑤ 篠 (xiǎo)：箭竹。簜 (dàng)：大竹。敷：布，这里指生长。

⑥ 夭：草木生长茂盛的样子。

⑦ 乔：高。

⑧ 涂泥：黏质湿土。

⑨ 金三品：谓金、银、铜。一说指铜之青、白、赤三色。

⑩ 瑶：美玉。琨：美石。

⑪ 齿：象牙。革：兽皮。羽：珍禽之羽。毛：同"旄"，牦牛尾。羽、毛皆指舞具。

⑫ 岛夷：指东海、南海大小岛屿上的少数民族。卉服：草制的衣帽鞋类。

⑬ 织贝：织有贝壳花纹的丝织品。

⑭ 包：包装。橘：橘子。柚：柚子。锡：同"赐"。

荆及衡阳惟荆州①。江、汉朝宗于海②，九江孔殷③，沱、潜既道④，云土，梦作乂⑤。厥土惟涂泥。厥田惟下中，厥赋上下。厥贡羽毛齿革，惟金三品，杶榦栝柏⑥，砺砥砮丹⑦，惟箘簵楛⑧。三邦厎贡厥名⑨，包匦菁茅⑩，厥篚玄纁玑组⑪。九江纳锡大龟⑫。浮于江、沱、潜、汉⑬，逾于洛⑭，至于南河⑮。

 注释

① 荆：荆山，在今湖北省南漳县西。衡阳：衡山的南面。荆州：包括今湖北、湖南省境中部及四川和贵州的一部分。

② 江：长江。汉：汉水。朝宗于海：顾颉刚在《中国古代地理名著选读》第一辑中说："从前诸侯见天子春见称朝，夏见称宗。这里是把海比作天子，

江、汉比作诸侯，说江、汉二水合流以后归于大海。"

③九江：在今湖北省黄冈地区广济一带，九为虚数，并非九条水。孔：甚，很。殷：众。

④沱：水名，长江支流。潜：水名，汉水支流。道：疏浚通畅。

⑤云土，梦：即云梦泽。作义：获得治理。

⑥杶（chūn）：香椿。榦：柘树，可做弓。栝（guā）：桧树。柏：柏树。

⑦砺砥：磨刀石。砮（nǔ）：可以做箭镞的石头。丹：朱砂。

⑧箘（jùn）簵（lù）：竹名，可做箭杆。楛（hù）：木名，可做箭杆。

⑨厥名：有名的特产。

⑩包：裹，包住。匦（guǐ）：捆扎缠结。菁茅：香草名，茅的一种，古代祭祀时用以缩酒。一说，菁茅为二物。

⑪玄：黑色。纁（xūn）：浅红色。玑组：古人佩玉所系的带子。玑，珍珠类。组，丝带。

⑫纳：入。锡：同"赐"，赐予。

⑬浮：在水上行驶，航行。

⑭逾：越过，指水路不通须越过陆地才能到达。洛：《史记》作"雒"，水名，源出陕西洛南县，东至河南巩义入河，与陕西境内入渭的洛水非一。

⑮南河：指黄河。

荆、河惟豫州①。伊、洛、瀍、涧既入于河②，荥波既猪③，导菏泽④，被孟猪⑤。厥土惟壤⑥，下土坟垆⑦。厥田惟中上，厥赋错上中。厥贡漆、枲、绣、纻⑧，厥篚纤纩⑨。锡贡磬错⑩。浮于洛，达于河。

注释

①豫州：在《禹贡》九州的中央，与青州之外其他七州相邻，又称"中州"。

②伊：伊水，源出今河南卢氏县。洛：《史记》作"雒"，源出陕西洛南县。瀍：瀍水，源出今河南省孟津县西北谷城山，东入洛水。涧：涧水，源出今河南省渑池县东北白石山，东入洛水。

③荥波：又叫荥播，即荥泽，在今河南荥阳市境内。猪：同"潴"，水

停聚处。

　　④菏泽：在今山东定陶，属古兖州，叙在此州，是因其水入于孟潴泽。

　　⑤被：覆盖。孟猪：即"孟潴"，在今河南商丘东北。

　　⑥壤：指松软的土。

　　⑦下土坟垆（lú）：辛树帜在《禹贡新解》中说："分布于豫州，与前述之坟皆为壤之下土即底层。许慎著《说文》释垆为黑刚土，土坚刚而色黑，或指分布于河南低城地石灰性冲积土底层之深灰黏土与石灰结核；结核多者连接成层。今河南、山西、山东人民尚有称之为垆者，亦称沙姜，继为丘陵土与次生黄土所掩盖。无论就地区所在言或就土层排列言，皆属符合。"

　　⑧枲：麻。缔：精细的葛织物。纻（zhù）：纻麻。

　　⑨纤纩（kuàng）：细丝绵。

　　⑩锡贡：纳贡、进贡。锡，同"赐"。错：治玉之石。

　　华阳、黑水惟梁州①。岷、嶓既艺②，沱、潜既道，蔡蒙旅平③，和夷底绩④。厥土青黎⑤，厥田惟下上，厥赋下中，三错。厥贡璆、铁、银、镂、砮、磬⑥，熊、罴、狐、狸织皮⑦。西倾因桓是来⑧，浮于潜⑨，逾于沔，入于渭⑩，乱于河⑪。

注释

　　①华阳：华山的南面。

　　②岷：岷山，在四川省松潘县境，岷江所出。嶓（bō）：嶓冢山，在今陕西宁强县东北。

　　③蔡：山名，叶梦得在《书传》中认为是四川雅安东南的蔡家山，胡渭在《禹贡锥指》中认为是峨眉山，总之是四川境内一山。蒙：山名，蒙山，又名蒙顶山，在四川境内。旅：祭山。

　　④和夷：少数民族名。和，水名。

　　⑤青黎：指土地颜色而言，即黑色。

　　⑥璆（qiú）：美玉或黄金，梁州特产。镂：质地坚硬可用于刻镂的铁。

　　⑦罴：一种熊。狐：似犬而长尾。狸：山猫。织皮：王鸣盛在《尚书后

案》中说："谓西戎之国，即昆仑等是也。"

⑧西倾：山名，在甘肃、青海交界处。桓：桓水，即今嘉陵江上游白龙江。

⑨潜：潜水，汉水支流。

⑩逾于沔（miǎn），入于渭：金履祥在《尚书表注》中谓经文有误，当作"入于沔，逾于渭"。逾，两水不通而须经过陆路。沔，沔水，汉水的上游。渭，渭水，为黄河最大支流。

⑪乱：横渡。

黑水、西河惟雍州①。弱水既西②，泾属渭汭③，漆沮既从④，沣水攸同⑤。荆、岐既旅⑥，终南、惇物⑦，至于鸟鼠⑧，原隰底绩⑨，至于猪野⑩。三危既宅⑪，三苗丕叙⑫。厥土惟黄壤⑬。厥田惟上上，厥赋中下。厥贡惟球、琳、琅玕⑭。浮于积石⑮，至于龙门、西河⑯，会于渭汭⑰。织皮、昆仑、析支、渠搜⑱，西戎即叙⑲。

 注释

①西河：山西和陕西分界处的黄河，因在冀州之西，故名。雍州：今陕西中部、北部和甘肃大部。

②弱水：今甘肃张掖河，源于今甘肃山丹县，向西流入居延海。

③泾：泾水，源出宁夏泾源。属（zhǔ）：连接。渭汭（ruì）：泾水流入渭水相交弯曲之处。

④漆：漆水。沮：沮水。漆沮分流时为二水名，合流后成一水名。既从：指漆合于沮，沮合于渭。

⑤沣：发源于终南山，北流入渭。攸：所。同：指沣与漆、沮同样入渭水。

⑥荆：荆山，在今陕西境内。岐：岐山，在今陕西岐山县东北。旅：道，治理。

⑦终南：终南山，在今西安市南五十里处。惇物：太乙山的北峰武功山。

⑧鸟鼠：山名，全称鸟鼠同穴山，在今甘肃渭源县西南。

⑨原隰：本义是低湿的地方，郑玄说是地名，在今陕西旬邑县、彬州市一

带。皆可通。

⑩ 猪野：又作"都野"，泛指雍州的湖泽、沃壤。

⑪ 三危：山名。宅：安定。

⑫ 丕：乃，于是。叙：指安置就绪。

⑬ 黄壤：其地本为黄土高原，故泛称黄壤。

⑭ 球：玉磬。琳：青碧色的玉。琅玕：像珠子一样的美石。

⑮ 积石：山名，指阿尼玛卿山。

⑯ 龙门：山名，在今陕西韩城境内。

⑰ 渭汭：渭水入黄河处。

⑱ 昆仑：族名，在今青海境内。析支：西戎族名。渠搜：族名。

⑲ 西戎：居住在西方的少数民族。叙：居住。

导岍及岐①，至于荆山②，逾于河③，壶口、雷首④，至于太岳⑤；底柱、析城⑥，至于王屋⑦；太行、恒山⑧，至于碣石⑨，入于海⑩。西倾、朱圉、鸟鼠⑪，至于太华⑫；熊耳、外方、桐柏⑬，至于陪尾⑭。导嶓冢，至于荆山⑮，内方⑯，至于大别⑰。岷山之阳，至于衡山；过九江⑱，至于敷浅原⑲。

 注释

① 导：巡行。

② 荆山：非荆州之荆山，乃北荆山，在陕西大荔东南朝邑西境。

③ 逾于河：屈万里在《尚书集释》中说："荆山东接黄河，一若山越河而过者，故云逾于河。"

④ 壶口：山名，在今山西省吉县。雷首：山名，在今山西省永济市境内。

⑤ 太岳：山名，在今山西霍州市境内。

⑥ 底柱：即三门山，在今山西平陆县。析城：山名，在今山西阳城县。

⑦ 王屋：山名，在今河南省济源市西北，绵延至山西、河北。

⑧ 太行：山名。

⑨ 碣石：渤海北岸的山石。

⑩ 入于海：山势尽于海。

⑪ 西倾：山名，在今甘肃、青海交界处。朱圉：山名，在今甘肃甘谷县。

⑫ 太华：即华山，在今陕西华阴南。

⑬ 熊耳：山名，在今河南卢氏县。外方：山名，即今河南登封县内的嵩山，五岳的中岳。桐柏：山名，在今河南省桐柏县。

⑭ 陪尾：山名，即今湖北安陆市的横山。

⑮ 荆山：即南荆山，在湖北南漳县南。

⑯ 内方：山名，在湖北钟祥西南。

⑰ 大别：山名，即今鄂皖边界的大别山。

⑱ 九江：湖北省广济一带的大江与有关之水。

⑲ 敷浅原：即今江西庐山。

导弱水，至于合黎①，余波入于流沙②。

注释

① 合黎：山名。

② 余波：河的下游。流沙：泛指西北广大沙漠地区。

导黑水，至于三危，入于南海①。

注释

① 南海：相当于今青海。

导河积石，至于龙门；南至于华阴①，东至于厎柱；又东至于孟津②，东过洛汭③，至于大伾④；北过降水⑤，至于大陆⑥；又北播为九河⑦，同为逆河⑧，入于海。

注释

① 华阴：华山的北面。

② 孟津：古代黄河渡口。

③ 洛汭：洛水入黄河处。

④ 大伾（pī）：大伾山，在今河南浚县。

⑤ 降水：亦作"泽水"。

⑥ 大陆：湖泽名，又称巨鹿泽。

⑦ 播：分散，分布。九河：古兖州境内黄河下游的诸多河道。

⑧ 逆河：海水涨潮时倒灌入河。逆，迎受。

嶓冢导漾①，东流为汉，又东，为沧浪之水②，过三澨③，至于大别；南入于江④，东，汇泽为彭蠡，东，为北江⑤，入于海。

注释

① 嶓冢：山名，是漾（汉）水的源头。漾：漾水，汉水上游。

② 沧浪之水：原是楚国境内汉水的名称。

③ 三澨（shì）：胡渭在《禹贡锥指》中说："三澨当在淯水入汉处。一在襄城北，即大堤，一在樊城南，一在三洲口东，皆襄阳县地。"

④ 南入于江：汉水过了湖北襄阳后，向东南流，过大别山西南麓后，向南注入长江。

⑤ 北江：长江下游，在彭蠡以东的一段，非指汉水。

岷山导江，东别为沱①；又东至于澧②，过九江③，至于东陵④，东迤北，会于汇⑤；东为中江⑥，入于海。

注释

① 沱：长江支流皆称沱，这里指四川境内岷江东之水。

② 澧：今川东诸水以下，湖北九江以上的长江河道所经过的一处湖沼。

③ 九江：湖北广济一带容纳了长江的多条支流。

④ 东陵：地名。

⑤ 迤（yǐ）：斜行。汇：水众多，回旋停蓄而成泽。

⑥ 中江：长江下游分道入海的三条支流之一。

导沇水①，东流为济②，入于河③，溢为荥④；东出于陶丘北⑤，又东至于菏⑥；又东北，会于汶⑦，又北，东入于海⑧。

注释

① 沇（yǎn）水：发源于王屋山，至河南武陟县入黄河。

② 东流为济：《孔传》说："泉源为沇，流去为济。"

③ 入于河：出于王屋山的济水南入黄河。

④ 溢：指黄河漫溢，形成荥泽。荥：荥泽。

⑤ 陶丘：在山东省菏泽市定陶区。

⑥ 菏：即菏泽。

⑦ 汶：汶水，在今山东东平县安山入济水。

⑧ 东入于海：《孔传》说："北折而东。"

导淮自桐柏①，东会于泗、沂，东入于海。

注释

① 桐柏：桐柏山。

导渭自鸟鼠同穴，东会于沣，又东会于泾，又东过漆、沮①，入于河。

 注释

①漆、沮：二水名，与上沣、泾二水都注入渭水下游。

导洛自熊耳①，东北，会于涧、瀍，又东，会于伊②，又东北，入于河③。

 注释

①熊耳：山名。

②东北，会于涧、瀍，又东，会于伊：即上文"豫州"节的"伊、洛、瀍、涧既入于河"。

③又东北，入于河：洛水东汇伊水后，又向东流经河南巩义南，又向东北流至洛口入黄河。

九州攸同①，四隩既宅②。九山刊旅③，九川涤源④，九泽既陂⑤。四海会同⑥。六府孔修⑦，庶土交正⑧，厎慎财赋⑨，咸则三壤⑩，成赋。中邦⑪。锡土、姓⑫。祗台德先⑬，不距朕行⑭。

 注释

①九州：即冀、兖、青、徐、扬、荆、豫、梁、雍九州。攸：所。同：同样（得到平治）。

②四隩（ào）：即"四墺"，四方地境。隩：可居住的边远地区。宅：居住。

③九山：与下文九川、九泽均泛指九州的山川林泽。刊：辟除。旅：治。

④涤：同"条"，疏通畅达。

⑤陂：堤坝。

⑥四海会同：天下统一。

⑦六府：掌管贡赋税收的六个府库。孔：甚，很。修：治。

⑧庶土：泛言九州众多的土地。交正：勘定各州土地质量以供征税。正，同"征"。

⑨厎慎财赋：伪《孔传》云："致所慎者，财货贡赋，言取之有节，不过度。"厎，致，获得。

⑩则：法。三壤：土壤分为上中下三品九等。

⑪成赋：交纳赋税。中邦：指九州。蔡沈在《书集传》中说："盖土赋或及于四夷，而田赋则止于中国而已，故曰成赋中邦。"即赋税仅限于九州。

⑫锡土姓：分土赐姓，建立各方国。锡，同"赐"。

⑬祗：敬。台（yí）：以。

⑭距：违背，违抗。朕：我。

五百里甸服①：百里赋纳总②，二百里纳铚③，三百里纳秸服④，四百里粟，五百里米。五百里侯服：百里采⑤，二百里男邦⑥，三百里诸侯⑦。五百里绥服：三百里揆文教⑧，二百里奋武卫⑨。五百里要服：三百里夷⑩，二百里蔡⑪。五百里荒服⑫：三百里蛮⑬，二百里流⑭。

注释

①甸服：五服之一。古代在王畿外围，每五百里为一区划，按距离远近分为侯服、甸服、绥服、要服、荒服。这里泛指郊外。

②总，指束禾，把庄稼连茎割下来束成一捆。

③纳铚（zhì）：入贡禾穗。铚，农具，短镰。割下的庄稼要用短镰削下穗头，故以镰代称穗。

④秸（jiē）服："服"疑衍文。秸，谷类作物的茎秆。

⑤采：有官、事诸义，这里指卿大夫邑地。

⑥男邦：蔡沈在《书集传》中说："男邦，男爵小国也。"比卿大夫等级稍高。

⑦诸侯：蔡沈说："诸侯之爵大国。"是比男更大的封国。

⑧揆文教：掌管文教事务的官员。揆，官，这里用作动词，管理。

⑨奋武卫：振兴武力，保卫王家。

⑩夷：易，指移风易俗。

⑪蔡（sà）：通"杀"，减少。引申为散，指自由迁徙。

⑫荒服：要服以外五百里，距王都二千五百里，是最远的一服。取其地荒远、政教荒忽之义。

⑬蛮：与上"夷"对文，按照蛮夷之习对待。

⑭流：与上"蔡"对文，流放、散乱之义，即放任之意。

东渐于海^①，西被于流沙^②，朔南暨^③，声教讫于四海。禹锡玄圭^④，告厥成功。

 注释

①渐：浸入。

②被：及。流沙：古人心中西边最遥远之地。

③朔：北。暨：及也。

④玄圭：黑色的瑞玉。玄，黑色。

 译文

禹将天下划为九州，依据山脉走向，通过疏导川流水道，借以辨别地理土质，进而确定了各州向朝廷进贡的品类和数量。禹不仅划分了疆界，还劈砍树木以作标记，禹还为高山大川命名，以便后人辨识。

冀州。这时，壶口已经被大禹治理好了，他便开始治理梁山和岐山；太原治理好了，他又整治太岳以南的地区。覃怀地区成效显著，他又治理了横漳水的一些河道，这里的土壤是含盐的白壤，收成不太好，赋税属于第一等，耕地列在第五等。等到恒水、卫水都疏通了，大陆泽周围的土地也可以耕种了。岛夷民族进贡珍奇的鸟兽皮毛，他们可从竭石入黄河来贡。

济水和黄河之间一带是兖州地区。黄河下游众多河道已经疏通，雷夏洼地已经汇成湖泽，滩水、沮水在此汇合。这里的土地已能够种植桑树，饲养家蚕。人们从高坡上搬到平地上居住了。这里是土壤肥沃的黑土，野草茂盛，灌木丛生。这里的耕地属于第六等，赋税为第九等。开垦十三年后，再和其他州的赋税相同。该州的贡物是漆和丝，还有装在圆竹筐里的织有各种美丽图纹的丝织品。如果人们来进贡，可由济水、漯水乘船顺流入黄河。

　　渤海和泰山之间是青州地区。大禹已经治理好夷族，还为他们划定疆界。他又疏导了潍水、淄水。这里的土壤是肥沃的白壤，沿海地区是大片的盐碱地，耕地属于第三等，赋税则为第四等。该州的贡物是盐、细葛布、各种各样的海产品，并有泰山山谷所产的丝、麻、铅、松、玉石。莱夷族进献的是畜产，还有装在竹筐子里的山蚕和丝。进贡的船只由汶水直达济水。

　　东起大海，北边至泰山，南边至淮河，这片地方是徐州。淮水、沂水已经治理好了，蒙山、羽山也都可以种植庄稼了。巨野泽汇积四方流水，东原地区的水患解除了。这里的土壤是棕色的黏土，草木繁茂丛生，耕地属于第二等，赋税则为第五等。该州贡物有五色土、羽山谷中产的长尾野鸡、峄山南面的特产制琴良桐、泗水河畔的浮磬石和淮夷族所献的珍珠及鱼产。他们还把成筐的赤黑色细缯和白色绸帛作为贡物献来。进贡的船只从淮水经泗水入菏水。

　　位于淮河以南、海的西北部的地区是扬州。彭蠡泽已汇聚了许多河流，作为每年雁阵南飞过冬的居住地。彭蠡以东诸江之水已流进大海，太湖水域也治理安定了。各种竹子都生长起来。这里芳草茂盛，乔木葱翠。这里的土质属潮湿泥地。耕地属于第九等，赋税则为第七等，有时杂出第六等。该州的贡物有青铜、白铜、赤铜，以及瑶琨美玉、大小竹材、象牙、皮革、鸟羽、牦牛尾及木材和岛夷族所贡献的草制衣服、绚丽的丝织贝锦，还有妥善包装的橘子、柚子。进贡船只沿着长江、黄河

直达淮水和泗水，然后再沿徐州贡道入黄河。

从荆山到衡山南面是荆州地区。长江、汉水在此共同流入海。至九江地区，水势很盛，长江的支流沱江、汉水的支流潜江都已经疏通。云梦泽水域也已获得治理，可以种植庄稼。这里的土壤也是潮湿的泥地。田地属于第八等，赋税则为第三等。这一州的贡物有鸟羽、牦牛尾、象牙、兽皮和三种金属，以及梌木、柘木、桧木、柏木等木材，还有精粗两种磨刀石、镞石、朱砂、箘竹、簵竹、楛树。州内诸地也献上当地名产，有捆扎起来专供宗庙祭祀缩酒之用的菁茅、黑色和浅红色的丝织品，还有用来佩玉的绶带，更有九江所献的祭祀用的神龟。进贡道路是先走水路经由江水及各支流沱水、潜水等通汉水，然后登岸由陆路运达洛水，再进入黄河。

从荆山到黄河之间是豫州地区。伊水、洛水、瀍水、涧水都汇集于洛水而流入黄河。荥泽地域横溢之水也已汇集成湖。水大时，可疏通菏泽之水，向南泻入孟渚泽。这里的土壤比较松软，低下之处是黑色硬土。耕地属于第四等，赋税是第二等，杂出第一等。该州的贡物有漆、麻、精细葛布、纻麻。还有把细丝绵装在筐子里，和磨磬所需的砺石一并贡献。贡道是从洛水通达黄河。

从华山南面西至黑水是梁州地区。岷山和嶓冢山治理后，可以种植庄稼了，江、汉两水的支津沱水、潜水都已疏浚完成，蔡山和蒙山的工程也已完工，和夷族等西南夷民也都治理安定了。这里的土壤是青黎土。耕地属于第七等，赋税为第八等，夹杂着七、九二等。该州的贡物有黄金、铁、银、镂钢、镞石、磬石，以及熊、罴、狐、狸四种兽皮。织皮和西倾山的贡物也沿着桓水而来，贡道是先用船运经由潜水进入沔水，然后舍舟登陆行至渭水，再横渡黄河。

从黑水到西河是雍州地区。弱水疏通后向西流去，泾水疏通后流入渭水，漆水和沮水疏通汇合后也流入渭水，沣水从南面同样入于渭水。荆山、岐山一带已经平治完毕，从终南山、惇物山直到鸟鼠山，无论平原还是湿地，都已得到治理，直至猪野泽这一肥沃的湖沼。三危山民众安居乐业，三苗民众也得到很好的安置。这里的土壤是黄壤。田地属于第一等，赋税属于第六等。该州的贡物有玉磬、玉碧、琅玕。贡道是从积石山附近的黄河到达龙门山、西河，南和渭水航道会于渭水入黄河之处。织皮、昆仑、析支、渠搜等西戎族也都安定和顺。

巡行九州各山，首先沿着渭水北岸走，从岍山、岐山，直至黄河西岸的北荆山，越过黄河，从壶口经雷首山，一直到太岳山；南巡柱山，东过析城山，到达王屋山；东北自太行山、恒山，直至碣石山，山势入于海中。沿渭水南岸走，先经过西倾山、朱围山、鸟鼠山，到达太华山；接着沿大河之南走，再由熊耳山、外方山、桐柏山，到达陪尾山。再沿汉水走，从嶓冢山直到南荆山，接着从内方山直至大别山。又再次沿江水，从岷山的南面到衡山，越过九江，直至敷浅原。

巡行九州的河流，疏导弱水，西流到合黎山下，下游流入沙漠地带。疏导黑水，流至三危山，下游流入南海。疏导黄河水，流至积石山，通达龙门，向南流至华山北面，向东流至底柱山，又向东流至孟津，东过洛水入河处，再往前流到大伾山，折而北流，经过降水入河处，再前流注入大陆泽，又自泽的东北流出，分为九条河道，各河道下游入海口河段都承受着河水，最后都流入渤海。疏导漾水从嶓冢山开始，东流后称汉水，又东流称沧浪之水，再向南流经过三澨，流入大别山，再南流入长江，最终流入东海。从岷山开始疏导长江，向东则分出一条支流称沱水，然后到达澧水，流过九江，到达东陵，再自东陵东去，逶迤北流，会于彭蠡泽，然后自泽中再东出称为中江，最后入海。疏导沇水，向东流称为济水，流入黄河，河水流溢而成荥泽；再东流过陶丘的北面，又向东流入菏泽；再向东北和汶水相合，又向北流，最后折向东流入大海。疏导淮河，自桐柏开始，向东和泗水、沂水相会，再向东流入大海。疏导渭水，自鸟鼠同穴山开始，向东流与沣水汇合，再东流至泾水入渭处，又东流经过漆沮二水入渭处，注入黄河。疏导洛水，从熊耳山开始，向东和涧水、瀍水汇合后，又向东和伊水相会，再东北流入黄河。

九州疏导工程都顺利完工后，四处都可以居住了。九州的大山都已开凿治理，九州的大河也都已疏通了，九州湖泽地区也大都修筑堤防。此时天下就统一了。掌收贡赋的六府运转良好，九州众多的土地都可征收赋税。但必须谨慎有节，依据上中下三种土地肥瘠标准来定税额。然后建立方国，封土赐姓。要把敬重德行放在首位，不违背我倡导的德行。

规定天子国都以外五百里的地域称甸服：距离国都一百里内的要缴纳连着秸穗的整捆的禾，二百里内的要缴纳禾穗，三百里内的要缴纳去掉了秸芒的穗，四百里内的要缴纳谷粒，五百里内的要缴纳细米。甸服以外五百里的地域称侯服：近百里以内的为采地，二百里以内的为男爵地，其余三百里地封诸侯。侯服以外五百里的地域称绥服：其中内三百里地区着力发扬文教，外二百里地区奋力发展国防。绥服以外五百里的地域称要服：其中内三百里地区要逐步改变风俗，外二百里地区则任其自由迁徙。要服以外五百里的地域称荒服：其中内三百里地区要因俗治理，减省礼节，外二百里地区则无须纳贡。

九州的疆域辽阔，东面到大海，西面达沙漠地带，从北方到南方，华夏的声威教化遍及四海九州。于是舜帝赏赐给禹玄圭，用以向普天之下宣布治水成功，天下大治。

五子之歌①

太康尸位②，以逸豫灭厥德③，黎民咸贰④。乃盘游无度⑤，畋于有洛之表⑥，十旬弗反⑦。有穷后羿因民弗忍⑧，距于河⑨。厥弟五人御其母以从⑩，徯于洛之汭⑪。五子咸怨，述大禹之戒以作歌⑫。

注释

①五子之歌：相传夏朝开国君王夏启除子太康外，还有五个儿子，具体名字不详。太康沉湎于游乐，去洛南打猎时，被有穷国君羿阻挡在黄河北岸，不能回国。太康的五个兄弟苦等百日，不见太康，于是作《五子之歌》，表达了对太康不修德行而丧失帝位的指责和怨恨。本篇属梅赜《古文尚书》。

②太康：夏王启的儿子。尸位：主持其位而不谋其政。尸：主管，主持。古代祭祀时，处在鬼神位置的叫尸。

③豫：安乐，安逸。

④黎民：民众。咸：都。贰：背叛。

⑤盘：娱乐，游乐。

⑥洛之表：洛水的南面。

⑦旬：十天为一旬。反：同“返”，返回。

⑧有穷：古代国名，位于东方。后：君主。羿（yì）：有穷国的君主。因为善射，所以使用帝喾时代神箭手羿的名字。

⑨距：抵御。

⑩御：侍奉。

⑪徯（xī）：等候。汭（ruì）：河流汇合或弯曲的地方。

⑫述：遵循，依照。

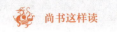

其一曰："皇祖有训①：民可近②，不可下③。民惟邦本，本固邦宁。予视天下④，愚夫愚妇，一能胜予⑤。一人三失⑥，怨岂在明⑦？不见是图⑧。予临兆民⑨，懔乎若朽索之驭六马，为人上者，奈何不敬？"

 注释

① 皇祖：指夏王朝的实际建立者大禹，是太康及五子的祖父，启的父亲。皇：对已故长辈的尊称。训：教导，训诫。

② 近：亲近。

③ 下：因轻视而疏远。

④ 予：大禹自称。

⑤ 一：都。

⑥ 三失：多次犯错。

⑦ 明：彰显。

⑧ 见：显现。图：考虑。

⑨ 兆民：众民。《孔传》说："十万曰亿，十亿曰兆，言多。"

其二曰："训有之，内作色荒①，外作禽荒②，甘酒嗜音③，峻宇雕墙④。有一于此，未或不亡⑤。"

 注释

① 作：兴。色：女色。荒：迷惑。

② 禽荒：指沉湎于游猎。

③ 甘：爱好。嗜：爱好，不满足。

④ 雕：彩画，装饰。

⑤ 或：有。

其三曰："惟彼陶唐^①，有此冀方^②。今失厥道^③，乱其纪纲^④，乃厎灭亡^⑤。"

 注释

① 惟：发语词。陶唐：指帝尧。

② 冀方：指古代冀州。

③ 道：途径，方法，措施。

④ 纪纲：法度。

⑤ 厎：致。

其四曰："明明我祖^①，万邦之君。有典有则^②，贻厥子孙^③。关石和钧^④，王府则有。荒坠厥绪^⑤，覆宗绝祀！"

 注释

① 明明：睿智，无比英明。我祖：指大禹。

② 典：典章。则：法则。

③ 贻：遗留。

④ 关：门关之征。石：古代一百二十斤为一石，这里指赋税。和钧：谓赋税公平合理。

⑤ 荒：荒废。坠：失落。绪：前人留下的功业。

其五曰："呜呼曷归^①？予怀之悲。万姓仇予^②，予将畴依^③？郁陶乎予心^④，颜厚有忸怩^⑤。弗慎厥德，虽悔可追^⑥？"

 注释

① 曷：何。

② 万姓：天下万邦的百姓。仇：怨恨。

③畴：谁。

④郁陶：忧愁，悲伤。

⑤颜厚：羞愧于色。忸怩：内心惭愧。

⑥追：补救。

 译文

夏王太康虽然身处尊位，却不理政事，放纵享乐，简直丧失了国君的德行，民众都怀有二心。他却毫不在意，尽情游玩，没有节制，到洛水的南岸去打猎，连着一百天都不回国都。有穷国的君王羿趁着夏朝民众对太康不满的时机，据守在黄河岸边，想要攻打进来。太康的五个兄弟带着他们的母亲一起打猎，在洛水转弯流进黄河的地方等候太康。五个兄弟都怨恨太康，于是遵循大禹的训诫，作诗劝太康。

第一首歌唱道："伟大的祖先大禹有过如下训示：只可以亲近百姓，不可以疏远百姓。百姓是国家的根本，根本坚固了国家才能安定。我观察天下：愚夫愚妇都可以超过我。一个人犯下很多过错，难道非得等到表现出来的时候，才去考虑民众的怨恨吗？我们面对亿万民众，就像用腐烂的绳子驾驭着六匹马一样，令人恐惧，地位在老百姓之上的君王，为什么不谨慎呢？"

第二首歌说道："大禹的训诫中有这样的话：在官内迷恋女色，在外面沉湎于游猎，爱好美酒和音乐，住在高大的殿宇里，还要绘饰宫墙。这几种情况只要沾染上一种，没有不亡国的。"

第三首歌说道："那个帝尧曾经占有冀州一带，如今太康丧失了尧的治国之道，把尧的法纪扰乱了，最终要导致灭亡。"

第四首歌说道："我们英明睿智的祖先大禹，是万国之君。他建立了典章和法度，留给他的子孙后代，关征赋税合理而公允。百姓物资不缺，朝廷府库也很充实。现在太康荒废破坏了祖先留下的功业，覆灭了宗庙，断绝了祭祀。"

　　第五首歌说道："哎呀，何处是我们的归宿？我们怀念家乡，感到悲伤。天下百姓都怨恨我们，我们能依靠谁呢？我内心忧愁羞愧，羞愧于色，内疚于心。平时不注重德行，现在虽然懊悔，哪还有法子补救啊？"

胤征^①

惟仲康肇位四海^②，胤侯命掌六师^③。羲和废厥职^④，酒荒于厥邑^⑤。胤后承王命徂征^⑥。

 注释

①胤（yìn）征：胤是夏方国名。胤侯作为夏王仲康的大臣，担任司马之职。当时掌管天文历法的羲氏、和氏酗酒失职，胤侯就奉夏王之命前去征伐。本篇记载了胤侯征战前聚众誓师之词。《胤征》属梅赜《古文尚书》。

②仲康：夏启之子，太康之弟，太康死后继位。肇：开始。位：通"莅"，视察，治理。

③六师：军队的统称。

④羲和：羲氏、和氏是部落联盟中擅长天文历法的首领的名字，尧以前就掌管天文历法事务。

⑤酒荒：谓沉湎于酒，荒废正业。

⑥胤后：胤君，胤侯。徂：往。

告于众曰："嗟！予有众。圣有谟训^①，明征定保^②。先王克谨天戒^③，臣人克有常宪^④，百官修辅^⑤，厥后惟明明^⑥。每岁孟春^⑦，遒人以木铎徇于路^⑧。官师相规^⑨，工执艺事以谏^⑩。其或不恭^⑪，邦有常刑。

 **注释**

①谟：计谋，谋略。训：训诫，教诲。

②征：验证。保：安。

③谨：恭敬。天戒：谓上天给予的警诫。

④常宪：常法。

⑤修：勤于职守。辅：辅佐。

⑥明明：非常贤明。

⑦孟春：春季的第一个月。

⑧遒（qiú）人：使臣，负责了解民情。木铎：一种铃，铃身是金属的，铃舌是木头的。古代宣布教令时，宣令官会沿途摇动木铎，以引起人们的注意。徇：通"巡"，巡行。

⑨官师：谓众官。师，众。规：规谏。

⑩工：工匠。

⑪恭：规谏。

"惟时羲和颠覆厥德，沉乱于酒①，畔官离次②，俶扰天纪③，遐弃厥司④。乃季秋月朔⑤，辰弗集于房⑥。瞽奏鼓⑦，啬夫驰⑧，庶人走⑨。羲和尸厥官⑩，罔闻知。昏迷于天象，以干先王之诛⑪。政典曰⑫：'先时者杀无赦⑬，不及时者杀无赦⑭。'"

 注释

①沉：沉湎。乱：迷乱。

②畔：通"叛"，违背。官：官守。次：职位。

③俶（chù）：开始。扰：扰乱。天纪：岁、月、日、星、辰、历数等天象规律。

④遐：远。

⑤乃：于是。季秋月朔：季秋之月的初一日。

⑥辰弗集于房：指日月相会的位置发生异常，发生日食。辰，日月的交会点。房，房宿，指日月相会的星宿位置。

⑦瞽：这里指乐官。

⑧啬夫：小臣，掌管布币钱货。驰：奔走。

⑨庶人：承担役事的人。

⑩ 尸：主管，主持。

⑪ 干：犯，冒犯。诛：诛杀的刑律法典。

⑫ 政典：指先王的政治典籍。

⑬ 先时：早于正常时令节气。

⑭ 不及时：没赶上正常时令节气。

"今予以尔有众①，奉将天罚②。尔众士同力王室，尚弼予钦承天子威命③。火炎昆冈④，玉石俱焚。天吏逸德⑤，烈于猛火。歼厥渠魁⑥，胁从罔治⑦。旧染污俗，咸与惟新⑧。

 注释

① 以：率领。

② 奉：尊奉。将：行。天罚：上天的惩罚。

③ 尚：庶几，表祈使语气。

④ 昆：山名，出产美玉。冈：山脊。

⑤ 天吏：掌管天文历法的官。逸德：恶行，过错。

⑥ 歼：消灭。渠：大。魁：魁首，指羲氏、和氏。

⑦ 胁从：被迫相从。

⑧ 与：参与。

"呜呼！威克厥爱①，允济②；爱克厥威，允罔功。其尔众士，懋戒哉③！"

 注释

① 威：威罚。克：战胜。爱：这里指姑息，行私惠。

② 济：成功。

③ 戒：戒慎畏惧。蔡沈说："誓师之末，而复嗟叹以是警之，欲其勉力戒惧而用命也。"

译文

仲康开始治理天下的时候，胤侯受命掌管六军。负责掌管天文历法的羲氏、和氏荒废了他们的职务，在封地内酗酒迷乱。胤侯奉夏王仲康的命令，前往讨伐他们。

胤侯告诉众将士说："啊！我的将士们。圣人有谋略，有训诫，都是已经被验证过可以安邦定国的。先王能恭敬于上天的告诫，臣民们能够遵守法制，百官勤劳职守辅佐君王，这样他们的君王才会十分贤明。每年初春，道人之官沿途摇铃巡行，宣布教令。官员们相互规劝，工匠们也根据技术中包含的道理来劝谏。如果官员工匠们对君王的过错不能劝谏，将按照常刑给予惩罚。

"羲氏、和氏败坏了自己的德行，沉湎迷惑于饮酒中，混乱了政事，背离了职守，开始扰乱天时历法，背弃自己负责的职事。于是在九月初一这一天，日月运行失去常规而出现了日食。乐官击鼓，啬夫驰驱，庶人奔走，急切地救助太阳。羲氏、和氏无所事事地处在职位上，对此竟然一无所知。他们对天象的变化不了解，触犯了先王制定的诛杀刑律。先王政典规定：'所定历法早于天时出现的，诛杀而不赦免；所定历法迟于天时出现的，诛杀而不赦免。'

"现在我率领你们众将士，奉行上天的惩罚。你们要为夏王朝同心协力，希望能够辅助我敬奉天子的威罚命令！烈火燃烧昆仑的山冈，玉石俱焚。掌管天文历法官员的过错，危害比猛火还要大。要消灭那首恶羲、和，对胁从者不予治罪。对于过去染上污秽旧俗的人，也都要赦免并允许他们重新做人。

"哎呀！如果威罚战胜姑息，那么事情一定能够成功；如果姑息战胜威罚，那么事情便不能成功。诸位将士，要努力而慎重啊！"

第二篇 商书

　　商书，顾名思义，这部分记载的内容与商朝有关。《商书》中记载了商朝发生的一些大事件，有当时遗留下来的篇章，也有后人追记的事件。商朝是我国历史上的第二个朝代，也叫殷商，是中国第一个有直接的同时期的文字记载的朝代。商朝分为三个时期，第一阶段是先商，第二阶段是早商，第三阶段是晚商，前后相传17世31王，延续500余年。商朝的王位继承制度，前期为兄终弟及，后期为典型的父死子继。商朝处于奴隶制鼎盛时期，奴隶主贵族是统治阶级，并且有庞大的官僚统治机构和军队。

汤誓①

王曰②："格，尔众庶③，悉听朕言。非台小子敢行称乱④，有夏多罪⑤，天命殛之⑥。

注释

①汤誓：商代开国君王汤讨伐夏桀作战前的誓师词。《史记·殷本纪》载："夏桀为虐政淫荒，而诸侯昆吾氏为乱。汤乃兴师率诸侯，伊尹从汤，汤自把钺以伐昆吾，遂伐桀。……以告令师，作《汤誓》。"本篇的成书最迟不晚于战国早期。

②王：指商汤。

③格：来。众庶：大家，诸位。

④台（yí）：我。小子：对自己的谦称。称：举，发动。

⑤有夏：即"夏"，"有"是助词。

⑥殛：诛灭，诛杀。

"今尔有众，汝曰：'我后不恤我众①，舍我穑事而割正夏②。'予惟闻汝众言③，夏氏有罪。予畏上帝，不敢不正。

注释

①后：君主，指汤。恤：体恤。

②舍：舍弃，放弃。穑（sè）：农事，耕作收获。割：夺取土地。正：同"征"，征伐。

③惟：虽然。

"今汝其曰①：'夏罪其如台②？'夏王率遏众力③，率割夏邑④，有众率怠弗协⑤。曰：'时日曷丧⑥？予及汝皆亡！'夏德若兹⑦，今朕必往。

注释

①其：表示揣测语气。

②如台（yí）：奈何，如何。台，疑问代词，何，什么。

③率：通"聿"，语首助词。遏：通"竭"，竭尽。

④割：夺取土地。邑：都邑。

⑤有众：即"众"，民众。怠：疲惫。协：和。

⑥时：是，这，指示代词。日：此处比喻夏王桀。曷：何时。

⑦兹：此。

"尔尚辅予一人①，致天之罚②，予其大赉汝③。尔无不信，朕不食言④。尔不从誓言，予则孥戮汝⑤，罔有攸赦。"

注释

①尚：表求或命令。予一人：君主自称。

②致：送，至。

③其：则，就。赉（lài）：赏赐。

④食言：不讲信用。

⑤孥（nú）戮：受刑辱。孥，通"奴"。

译文

汤说："来吧，诸位。大家都要听我讲话。不是我大胆鲁莽，非要发

动战争，实在是因为夏王犯下的罪孽太重，上天命令我去诛灭他。或许
有人会说：'我们的君王不体恤民众，把种庄稼的事都给舍弃了，而要去
征伐夏朝呢。'我虽听了这些话，但夏王有罪。我畏惧天命的威严，不敢
不去征伐。现在你们大概会问："夏王到底犯了什么大罪啊？"夏王耗尽
民力，祸害夏都百姓，使广大百姓危困而不愿拥护。百姓咒骂夏王：'你
什么时候去世啊？让我们一起灭亡吧！'夏王的德行都坏到这种程度了，
所以我必须前往征伐。倘若你们辅助我，我将大大赏赐你们。不要不信
我，我不会说话不算数的。如果你们不服从我的誓言，我就让你们受刑
辱，决不赦免一个！"

仲虺之诰[1]

成汤放桀于南巢[2]，惟有惭德[3]。曰："予恐来世以台为口实[4]。"仲虺乃作诰。

注释

①仲虺（huǐ）之诰：本篇记录了商汤灭夏之后，放逐夏桀到了南巢，自惭自己的行为不如古代圣王，使用武力夺取政权。大臣仲虺为此作了诰词，以商汤所为合于天命来加以宽慰。诰，告戒之文。《仲虺之诰》属晚出梅赜《古文尚书》。

②放：驱逐，流放。桀：夏桀。南巢：地名，在今安徽巢湖市西南。

③德：谓内心。惭：惭愧。

④来世：后世。口实：假托的理由，可以利用的借口。

曰："呜呼！惟天生民有欲，无主乃乱，惟天生聪明时乂[1]。有夏昏德，民坠涂炭[2]。天乃锡王勇智[3]，表正万邦[4]，缵禹旧服[5]。兹率厥典[6]，奉若天命[7]。

注释

①时：是。乂：治理。

②坠：陷落。

③锡：通"赐"。

④表正：表率。

⑤缵（zuǎn）：继承、继续。服：行为。

⑥率：依循。典：常法，法度。

⑦奉：遵奉，遵照。

"夏王有罪，矫诬上天①，以布命于下。帝用不臧②，式商受命③，用爽厥师④。简贤附势⑤，寔繁有徒⑥。肇我邦于有夏，若苗之有莠⑦，若粟之有秕⑧。小大战战⑨，罔不惧于非辜⑩。矧予之德⑪，言足听闻⑫？

 注释

①矫：假借。诬：欺骗。

②用：因此。臧：好，善。

③式：用。

④爽：明，明朗。师：众。

⑤简：忽视，怠慢。

⑥繁、徒：谓众多。

⑦莠（yǒu）：杂草。

⑧秕（bǐ）：不饱满的谷粒。

⑨战战：害怕得发抖。

⑩非辜：无罪。

⑪矧：何况。

⑫足：能够。

"惟王不迩声色①，不殖货利②；德懋懋官③，功懋懋赏；用人惟己，改过不吝④。克宽克仁⑤，彰信兆民⑥。乃葛伯仇饷⑦，初征自葛，东征西夷怨，南征北狄怨⑧，曰：'奚独后予⑨？'攸徂之民⑩，室家相庆⑪，曰：'徯予后⑫，后来其苏⑬。'民之戴商⑭，厥惟旧哉⑮！

注释

① 迩：近。

② 殖：聚敛。

③ 德懋懋官：德行深厚的就用官职来勉励。第一个懋指繁多，第二个懋指勉励。

④ 吝：吝惜。

⑤ 克：能够。

⑥ 彰：昭示。

⑦ 葛伯仇饷：葛国国君仇视给耕种的人送饭。葛，夏朝的属国，其地在今河南省宁陵县北。成汤伐夏，是从征伐葛伯开始的。仇，仇视。饷，粮饷。

⑧ 东征西夷怨，南征北狄怨：《孟子·滕文公下》云："东面而征，西夷怨；南面而征，北狄怨，曰：'奚为后我？'民之望之，若大旱之望雨也。"

⑨ 奚：何。

⑩ 攸：所。徂：往。

⑪ 室家：泛指家庭或家庭中的人，如父母、兄弟、妻子等。

⑫ 徯：等待。后：君王，指成汤。

⑬ 苏：苏醒，复活。引申为困顿后得到休养或病后缓解。

⑭ 戴：拥戴。

⑮ 旧：久，历时长的。

"佑贤辅德①，显忠遂良②，兼弱攻昧③，取乱侮亡④。推亡固存，邦乃其昌⑤。

 注释

① 佑：帮助。

② 显：显扬。遂：进用。

③ 昧：愚昧，昏乱。

④ 侮：轻慢，怠慢。

⑤推亡固存，邦乃其昌：《孔传》说："有亡道则推而亡之，有存道则辅而固之，王者如此，国乃昌盛。"

"德日新，万邦惟怀①；志自满，九族乃离②。王懋昭大德，建中于民，以义制事，以礼制心，垂裕后昆③。予闻曰：'能自得师者王，谓人莫己若者亡。好问则裕，自用则小。'

 注释

①怀：归向，归顺。
②九族：泛指各个氏族。
③垂：留传。裕：富饶，富足。后昆：后代。

"呜呼！慎厥终，惟其始。殖有礼①，覆昏暴②。钦崇天道③，永保天命。"

 注释

①殖：培植，培养。
②覆：覆灭。
③钦：敬畏。崇：推崇，尊奉。

 译文

汤把桀流放到了一个叫作南巢的荒芜之地。事后，汤感到十分愧疚。他说："我害怕后世以我的行为为借口。"这时，一位非常有智慧的大臣仲虺作了诰词。

仲虺说："啊！民众天生就是有欲望的，如果没有了君王，社会就会混乱。只有天生聪慧通达之人才能治理民众。夏王桀乱德丧行，使百姓

陷入水深火热之中，于是上天赐予大王您勇气和智慧，使您成为天下四方的表率，继承大禹过去的事业。您遵循着大禹的法典，就是承奉天命。

"夏王桀有罪，假借上天旨意发布命令欺骗民众，因此上天认为他是不善的，由商来代受天命，教化百姓。轻慢贤人，依附权势，这样的人实在不少。从夏朝建立方国开始，我们商人就被看成禾苗中的杂草，粟米中的秕壳。我们从上到下都恐惧不安，每天都在害怕无辜受罚。更何况我们商人的德行并不差，说出来怎能不让人感到唏嘘呢？

"可是大王您不近歌舞美女，不聚敛财货；用官职来鼓励德行深厚的人，用赏赐来勉励功高的人；乐于采纳别人的意见，毫不犹豫地改正错误；能够宽容仁爱，向天下百姓昭示自己的诚信。葛伯仇视我们给他耕种送食，征伐夏桀是从征葛伯开始的。当您征伐东方时，西方的戎族就埋怨；征伐南方，北方的狄族就埋怨。他们都说：'为什么最后征伐我们呢？'您所征之处，百姓举家欢庆，都说：'等待我们的君王，他来了我们就好了！'您瞧，民众拥戴商王已经很久了啊！

"您帮助那些辅佐贤德的诸侯，重用忠诚善良的诸侯，兼并弱小，攻打讨伐无道的诸侯，攻占动乱的国家，怠慢亡国的君主。对于那些应该灭亡的君主，就加速他的灭亡；对于那些可以存在的君主，就帮助他巩固地位。这样国家才会昌盛。

"在个人修养上，要日日改过自新，这样天下四方都会来归顺。如果过于自大自满，各个氏族就会背弃您。大王一直在努力彰显大德，在民众中建立中正之道，用正义来裁决事务，用礼法来约束心志，把光辉的业绩和声誉留给后代。我听说：'能够自寻贤者为师的，就会成为君王；认为别人都不如自己的人，就会灭亡。谦虚好问，得益就多；独断专行，所得甚少。'

"啊！谨慎地对待结果，就像谨慎地对待开始那样。上天从来都是扶植有礼法的君主，覆灭昏乱的暴君。要敬奉上天的旨意，才能永久保持福命。"

太甲上^①

惟嗣王不惠于阿衡^②，伊尹作书曰："先王顾諟天之明命^③，以承上下神祇、社稷宗庙罔不祗肃^④。天监厥德^⑤，用集大命^⑥，抚绥万方^⑦。惟尹躬克左右厥辟^⑧，宅师^⑨，肆嗣王丕承基绪^⑩。惟尹躬先见于西邑夏^⑪，自周有终^⑫，相亦惟终^⑬；其后嗣王罔克有终，相亦罔终。嗣王戒哉！祗尔厥辟^⑭，辟不辟^⑮，忝厥祖^⑯。"

 注释

①太甲：太甲是商代第五代王，成汤之孙。《史记·殷本纪》记载帝太甲即位三年，纵欲乱德，被伊尹放逐到了桐宫；后来悔过自新，被伊尹迎回国都，最终成为一代贤君。此三篇记录了伊尹流放太甲的经过，以及伊尹对太甲的训导之词。《太甲》三篇属梅赜《古文尚书》。

②嗣王：继位之君，指商王太甲。惠：顺。阿衡：商代官名，指伊尹。

③先王：指成汤。顾：顾念。諟（shì）：正，订正。明命：天命。

④祗肃：恭谨而严肃。

⑤监：视，看到。

⑥用：因为，由于。集：降下。

⑦绥：安抚。

⑧躬：亲自。左右：辅佐。厥：代词，其。辟：天子、诸侯国君的通称，这里指成汤。

⑨宅：安居。师：众，民众。

⑩肆：故，因此。丕：乃。基绪：基业。绪：前人留下来的事业。

⑪西邑夏：指夏王朝。

⑫ 自：由于。周：忠信。有终：善终。

⑬ 相：辅政大臣。

⑭ 祗：恭敬。

⑮ 辟不辟：君王不像君王的样子。

⑯ 忝：辱，有愧于。

王惟庸罔念闻①，伊尹乃言曰："先王昧爽丕显②，坐以待旦。旁求俊彦③，启迪后人，无越厥命以自覆④。慎乃俭德，惟怀永图⑤。若虞机张⑥，往省括于度⑦则释⑧。钦厥止⑨，率乃祖攸行⑩。惟朕以怿⑪，万世有辞⑫。"

注释

① 王：指太甲。庸：常。念：顾念。

② 昧爽：天快亮的时候。丕：乃。显：通"宪"，思。

③ 旁：广泛，普遍。俊彦：才智特别出众的人。

④ 无：通"毋"。越：坠失，坠落。命：天命。覆：覆亡。

⑤ 怀：思考。永：长久。图：图谋。

⑥ 虞机：《孔疏》说："虞训度也。度机者，机有法度，以准望所射之物。"虞，虞人，古代掌管山林薮泽苑囿的官。机，指发射箭弩的机关。

⑦ 省（xǐng）：检查，察看。括：箭的末端。度：法度。

⑧ 释：放。

⑨ 止：至。引申为意向，目的。

⑩ 率：遵循。乃：你的。攸：所。

⑪ 朕：我。怿（yì）：喜悦。

⑫ 辞：赞誉。

王未克变。伊尹曰："兹乃不义①，习与性成②。予弗狎于弗顺③，营于桐宫④，密迩先王其训⑤，无俾世迷⑥。"

 注释

① 兹：此。乃：你的。

② 习与性成：《孔传》说："言习行不义，将成其性。"

③ 狎（xiá）：轻忽，轻视。弗顺：不顺从义理的行为。

④ 营：营造。桐宫：离宫，传说是商汤墓地所在，在今河南偃师。

⑤ 密：贴近，亲密。迩：近。

⑥ 俾：使。世：一生。

王徂桐宫①，居忧②，克终允德③。

 注释

① 徂：往。

② 居忧：《孔疏》说："居忧位谓服治丧礼也。"

③ 终：成。允德：《孔传》："言能思念其祖，终其信德。"

 译文

商王太甲继承了王位，却不顺从一心为国的伊尹，于是，伊尹作书说："先王成汤重视上天赐予的天命，因此承顺天地神灵，对于社稷宗庙之事无不恭敬严肃。成汤的德政被上天看到后，才降下大命，安抚好天下四方。我伊尹能够亲身辅佐君王，使民众安居乐业，所以后继的君王你才继承了先王的基业。我伊尹亲眼看到我们西方的夏王，自始至终坚守忠信而得善终，辅佐他的人也有善终；夏朝的后继君王桀却没有善终，辅佐之人也没有善终。我们的后继之王要以此为戒啊！对待自己的君位要恭敬，不可以凭借君王的身份欺压百姓、胡作非为。如果君王没有君王的样子，就会让自己的祖先丢脸。

商王太甲仍和平常一样，我行我素，根本不听从伊尹的劝诫。于是伊尹说："先王成汤天不亮就起来思考问题，一直坐到天亮。他广泛地寻求才智出众的人，去开导后人，避免后世的君王坠入自己的大命而覆亡。你要谨慎地恪行勤俭，思考长久之计。就像虞人射箭，弩机已张开，还要确保箭尾已经放在弓弦合适之处，然后再发射。做君王的要重视自己的志向，遵循你祖先的行为准则！我会因此而高兴，你也将流芳百世。"

商王太甲仍旧不改变自己的行为。伊尹说："这就是你的不义了。你这种游手好闲的习惯渐成本性，我却不能忽视你这种不顺从义理的行为。我要在汤王的墓地上营造行宫，好让你亲近先王的教训，不要使自己终身误入迷途。"

于是，商王太甲只好前往桐宫，居忧服丧以反省自己，希望自己最后能听信德教，改过自新。

太甲中

惟三祀十有二月朔①，伊尹以冕服奉嗣王归于亳②。作书曰："民非后，罔克胥匡以生③；后非民，罔以辟四方。皇天眷佑有商，俾嗣王克终厥德，实万世无疆之休④！"

注释

①三祀：指太甲放逐桐宫的第三年。祀：与"年"同义。有：又。朔：阴历的每月初一。

②冕服：天子的礼帽和礼服。奉：迎。嗣王：指太甲。

③胥（xū）：表示方式，相当于"相互"。匡：救助，帮助，扶持。

④休：美善，喜庆。

王拜手稽首①，曰："予小子不明于德②，自厎不类③。欲败度④，纵败礼⑤，以速戾于厥躬⑥。天作孽，犹可违⑦；自作孽，不可逭⑧。既往背师保之训⑨，弗克于厥初，尚赖匡救之德，图惟厥终。"

注释

①王：指太甲。拜手稽首：跪拜叩头。

②予小子：太甲自己谦称。

③厎：致。不类：不善，不好。《孔传》说："类，善也。"

④败：败坏，破坏。度：法度。

⑤纵：放纵，放任。

⑥速：招致。戾：罪过。躬：自身。

⑦违：避免。

⑧逭（huàn）：逃避。

⑨既往：以往。师保：官名。此指伊尹。

伊尹拜手稽首，曰："修厥身，允德协于下①，惟明后②。先王子惠困穷③，民服厥命，罔有不悦。并其有邦④，厥邻乃曰⑤：'徯我后⑥，后来无罚⑦。'王懋乃德⑧，视乃厥祖⑨，无时豫怠⑩。奉先思孝⑪，接下思恭。视远惟明⑫，听德惟聪。朕承王之休无斁⑬。"

 注释

①允德：诚心诚意的实德。

②明后：英明的君主。

③先王：指成汤。子惠：慈爱。子，通"慈"。惠，仁爱。

④并：兼并。有邦：诸侯方国。

⑤厥：代词，其。

⑥徯：等待。

⑦罚：惩罚。

⑧懋：努力，勉力。

⑨厥祖：后代商人称成汤以前建立功业的先祖为先公，成汤以后的王为先王。一作"烈祖"。

⑩无：通"毋"。时：时刻。豫：安乐。

⑪奉：遵奉。先：先祖、先王。思：念。

⑫惟：句中语气词，用以帮助判断。

⑬朕：我。承：承顺。休：美德。斁（yì）：厌弃，厌倦。

 译文

太甲放逐桐宫的第三年十二月初一，伊尹用君王的礼服礼帽，奉迎太甲返回亳都。作书说："民众没有君王，就不能相互扶持而生存下去；君王没有民众，也不能统治天下。上天佑护我们殷商，使您能成就美德，这实在是千秋万代的美事啊！"

商王太甲向伊尹行跪拜叩头之礼，说："之前我不懂为君之德，招致了不好的后果。我只想满足自己的私欲，放纵败坏礼仪，很快就给自己招来罪过。老天降下的灾祸，还可以避开；自己做错事造成的灾祸，就不可逃脱了。以往我违背您的教训，一开始没有反躬自责，耽误了很多时间。现在我还有赖于您匡正和扶救的恩德，争取有个好的结局。"

伊尹行跪拜叩头大礼，说："注重自身修养，用诚信的美德使臣民和谐，这才是英明的君王该做的。先王成汤仁慈爱贫困的民众，民众都乐于服从命令，没有不高兴的。兼并诸侯方国时，邻国的人这样说道：'等待我的君王成汤吧，他来了我们就不会遭罪了。'您也要向您的列祖列宗看齐，劝勉自己的德行，不要有片刻安逸懈怠。遵奉先祖先王，要想着孝顺他们。接近臣下时怀着谦卑的心。能视远方，才是目明，能听从德言，才是耳聪。如果您能做到这些，我将承受大王的美德，永不厌倦。"

太甲下

伊尹申诰于王曰^①："呜呼！惟天无亲，克敬惟亲。民罔常怀^②，怀于有仁。鬼神无常享，享于克诚。天位艰哉！

注释

① 申：重复，再三。王：指太甲。
② 怀：归向。

"德惟治，否德乱。与治同道^①，罔不兴；与乱同事^②，罔不亡。终始慎厥与^③，惟明明后^④。

注释

① 与治同道：指采用德治。
② 与乱同事：指不用德政。
③ 与：指上文的与治同道，与乱同事的道德行为。
④ 明明后：非常英明的君主。

"先王惟时懋敬厥德^①，克配上帝^②。今王嗣有令绪^③，尚监兹哉^④。

注释

① 先王：指成汤。

② 配：匹配，配合。

③ 王嗣：即"嗣王"，继位之君，指太甲。令：善，美好。绪：前人留下来的事业。

④ 监：借鉴，审察。兹：此。

"若升高，必自下；若陟遐①，必自迩②。无轻民事③，惟难④；无安厥位，惟危。慎终于始。

① 陟：登，这里是登程，上路的意思。遐：远。

② 迩：近。

③ 无：通"毋"。民事：民力征役之事。

④ 惟：思。

"有言逆于汝心①，必求诸道；有言逊于汝志②，必求诸非道。

① 逆：违背，不合。

② 逊：恭顺。

"呜呼！弗虑胡获①？弗为胡成？一人元良②，万邦以贞③。君罔以辩言乱旧政④，臣罔以宠利居成功⑤。邦其永孚于休⑥。"

① 虑：思考。胡：何。

② 一人：指君王。元：大善、大贤。

③ 贞：正。

④辩言：诡辩之言。旧政：先王之成法。

⑤宠：恩宠。利：利禄。

⑥孚：信。

 译文

伊尹再三告诫太甲说："啊！上天不会永远保佑某人，他只亲近恭敬他的人。民众不会永远归顺某个王，他们只归顺有仁德的君主。鬼神也不会一直保佑某个人，只保佑虔诚的人。天命赋予的君位不容易坐啊！

"只有实行德政，天下才能得到治理；不实行德政天下就会大乱。采取顺应天道、仁德的手段治理天下的，没有不兴盛的；做了和导致天下大乱的昏君相同的事，没有不灭亡的。自始至终都谨慎地对待这些不良行为，就是非常英明的君王。

"先王成汤就是这样努力培养德行，才能和上天的要求相吻合。您现在继续享有这美好基业，希望也能注意到这一点啊！

"就好像登高，必须从低处开始；如去远方，必须从近处开始。不要轻视民力征役之事，要考虑到民之艰难；不要安居君位，要考虑到它的危险。谨慎对待结尾，要像谨慎对待开始那样。

"如果有些话违背了你的心愿，一定要仔细考量这些话是否符合道义；如果有些话迎合了你的心愿，一定要从是非角度判断是否符合道义。

"啊！不思考哪里来收获？不干事哪里来成就？君王非常贤良，四方也会纯正。君王不可用巧言诡辩来扰乱先王旧政，臣下不可靠恩宠利禄成就功名。这样的话，相信在你治理下的国家将永远美好。"

盘庚上

　　盘庚迁于殷②，民不适有居③，率吁众慼，出矢言④曰："我王来⑤，既爰宅于兹⑥，重我民⑦，无尽刘⑧。不能胥匡以生⑨，卜稽曰其如台⑩？先王有服⑪，恪谨天命⑫，兹犹不常宁。不常厥邑⑬，于今五邦⑭。今不承于古⑮，罔知天之断命，矧曰其克从先王之烈⑯。若颠木之有由蘖⑰，天其永我命于兹新邑⑱，绍复先王之大业⑲，厎绥四方⑳。"

 注释

　　①盘庚：《盘庚》共三篇，记录了商王盘庚在迁都时对臣民的三次讲话。《史记·殷本纪》载："帝盘庚之时，殷已都河北，盘庚渡河南，复居成汤之故居，乃五迁，无定处。殷民咨胥皆怨，不欲徙。……乃遂涉河南，治亳，行汤之政，然后百姓由宁，殷道复兴。"盘庚是成汤第十世孙，祖丁的儿子，继承其兄阳甲的帝位，成为殷商历史上第十九位君主（不计太丁）。至于迁都的原因，很多学者认为是避免水患。

　　②殷：地名，即今安阳小屯殷墟。

　　③适：悦。有：语助词。居：都。

　　④率：用，犹，因此。吁：呼。慼（qī）：同"戚"，指亲近的贵戚近臣。矢：陈述。

　　⑤我王：指盘庚。来：自奄地迁至殷。

　　⑥爰：更换。宅：居住。兹：此，此处指殷。

　　⑦重：重视，看重。

　　⑧刘：杀害，杀戮。

　　⑨胥：表示方式，相当于"相互"。匡：救助。

⑩卜：占卜。稽：查考，核实。其如台（yí）：将如何。

⑪服：律法。

⑫恪：敬。谨：顺从。

⑬不常厥邑：倒装，即"厥邑不常"。邑，国都。

⑭五邦：五次迁都。

⑮承：继。

⑯矧（shěn）：何况。

⑰颠：扑倒。由蘗（niè）：倒断的树木重新生长出来的萌芽。由，生。蘗，伐木所断的地方再生萌芽。

⑱永：长久。

⑲绍：继续。

⑳厎：致，定。绥：安。

盘庚教于民，由乃在位①，以常旧服，正法度②，曰："无或敢伏小人之攸箴③。"王命众，悉至于庭④。

 **注释**

①教（xiào）：教。乃：于。在位：指贵戚大臣。

②旧服：指先王的旧制。正：整顿。

③伏：隐匿。小人：平民。攸：所。箴：规诫。

④悉：全，都。

王若曰①："格，汝众②，予告汝训汝③，猷黜乃心④，无傲从康⑤。

 注释

①王若曰：王这样说，是殷周史臣记载王讲话时的开头用语。

②格：到，来。

③训：训诫，教诲。

④猷：计谋，谋划。黜：除去。乃：你们的。

⑤傲：傲慢。从：通"纵"，放纵。康：安逸。

"古我先王，亦惟图任旧人共政①。王播告之修②，不匿厥指③，王用丕钦④，罔有逸言⑤，民用丕变⑥。今汝聒聒⑦，起信险肤⑧，予弗知乃所讼⑨！

 注释

①惟：思。图：谋划，犹言考虑。旧人：世袭做官的贵戚。共政：共理朝政。

②王：指先王。播：传布。修：施行。

③匿：隐瞒。厥：其，代指先王。指：同"旨"，意思，意图。

④用：因此。丕：大。

⑤逸：错误，过失。

⑥变：移易，变化。

⑦聒（guō）聒：大嚷大叫，意不听正确意见，愚昧自用。

⑧起：兴，造。信：通"伸"，申说。险：邪恶之言。肤：古"胪"字，传播。

⑨讼：争辩。

"非予自荒兹德①，惟汝含德②，不惕予一人③。予若观火④，予亦拙谋，作乃逸⑤。

 注释

①荒：废乱。兹德：任用"旧人"的传统。

②惟：同"乃"，是，为。含：藏，怀。

③惕：通"施"，给予。

④观火：热火。以热火比喻威严。观，通"爟（guàn）"，热。

⑤拙：唐石经作"灿（zhuō）"，烟盛而火光甚微，比喻见事不明。作：造

成，酿成。逸：过失。

"若网在纲①，有条而不紊。若农服田力穑②，乃亦有秋③。汝克黜乃心④，施实德于民⑤，至于婚友⑥，丕乃敢大言⑦，汝有积德！乃不畏戎毒于远迩⑧，惰农自安⑨，不昏作劳⑩，不服田亩，越其罔有黍稷⑪。

 注释

①若网在纲：以纲比君，以网比臣。比喻臣民要听君主的命令。
②服田：在土地上劳作。服，从事。力穑（sè）：努力耕作。穑，农业生产。
③乃：于是，这才。秋：谷物成熟。
④克黜乃心：除去傲慢之心。
⑤德：恩惠。
⑥婚：指亲戚。友：朋友，同僚。
⑦丕乃：于是。
⑧乃：如果。戎：大。毒：祸害。
⑨惰：懒惰。安：安适，安逸。
⑩昏：通"暋（mǐn）"，勤奋，尽力。
⑪越：句首语气词。表庄重语气。其：将。黍稷：农作物。

"汝不和吉言于百姓①，惟汝自生毒②，乃败祸奸宄③，以自灾于厥身。乃既先恶于民④，乃奉其恫⑤，汝悔身何及！相时憸民⑥，犹胥顾于箴言⑦，其发有逸口⑧，矧予制乃短长之命⑨！汝曷弗告朕，而胥动以浮言⑩，恐沈于众⑪？若火之燎于原，不可向迩⑫，其犹可扑灭？则惟汝众自作弗靖⑬，非予有咎！

 注释

①和：宣布。吉言：好话。百姓：百官。

②自生毒：自己种下的祸根。

③乃：以致。败祸奸宄：恶迹败露而遭祸害。

④先恶：导恶，倡导做坏事。先，动词。先行，先做某事。

⑤奉：承受。恫：痛苦。

⑥相：视，看。时：是，此。恔（xiān）：散，小。

⑦犹：尚，还。胥：表示方式，相当于"相互"。箴言：规诫的话。

⑧逸口：过言，错话。逸，过错。

⑨矧：况。制：掌握，控制。短长之命：生死之命。

⑩曷弗：何不。浮言：没有根据的话。

⑪恐：害怕。沈：黄式三《尚书启幪》说通"扰"，煽惑。

⑫向迩：靠近。

⑬惟：是。靖：善。

"迟任有言曰①：'人惟求旧②，器非求旧，惟新。'古我先王，暨乃祖乃父，胥及逸勤③，予敢动用非罚④？世选尔劳⑤，予不掩尔善。兹予大享于先王⑥，尔祖其从与享之⑦。作福、作灾，予亦不敢动用非德⑧。

注释

①迟任：古代贤人。

②旧：旧臣，世代为官的贵族。

③胥及逸勤：指当时君臣同心同德从事迁徙。胥，表示方式，相当于"相互"。逸，通"肆"，劳。

④敢：岂敢，不敢。语急省"不"字。动：动辄。非罚：指不合乎法度的惩罚。

⑤选：通"算"。数，计算。劳：劳苦。

⑥大享：大祭祀。

⑦与：参与。

⑧非德：不合法度的赏赐或惩罚，此偏举一边。

"予告汝于难^①，若射之有志^②。汝无侮老成人^③，无弱孤有幼^④，各长于厥居^⑤，勉出乃力，听予一人之作猷^⑥。

① 于：以。
② 志："志矢"，练习用的箭。
③ 侮：欺侮。老成人：指年高德劭的贤人。
④ 弱孤：用作动词，欺凌，轻视。有幼：即"幼"。
⑤ 长：统率。
⑥ 猷：计谋，谋划。

"无有远迩^①，用罪伐厥死^②，用德彰厥善^③。邦之臧^④，惟汝众；邦之不臧，惟予一人有佚罚^⑤。

① 远迩：指关系的亲疏。
② 伐：惩处。
③ 彰：表彰。
④ 臧：善。
⑤ 佚罚：行使刑罚有疏漏。佚，过错。

"凡尔众，其惟致告^①：自今至于后日，各恭尔事^②，齐乃位^③，度乃口^④。罚及尔身，弗可悔！"

① 致告：传达。
② 恭：奉，奉行。

③齐：整，严肃之意。位：职事。

④度：通"杜"，杜绝，意即杜塞浮言之口。

译文

盘庚迁都到殷地以后，臣民们不喜欢这个地方，因此，他召唤了许多贵戚大臣，叫他们向民众转达意见，说道："我们的君王来到这里，已经把居住地迁到这里，是重视你们的表现，不让你们死在旧都。但你们一时还没有适应，因此不能在生活上互相帮助，如果按照占卜说的去做，结果又会怎样呢？先王有老规矩，就是敬遵天命，因此他们不敢贪图安逸，老是待在一个地方住。不能长期居住在一个地方，到现在我们已迁过五次国都了。现在如果不继承先王的前例，那我们的天命难保不被上天断绝，怎么还能谈得上遵循先王的功业呢！就像倒断的树木可以发出新的枝芽一样，老天要我们迁移到新都，是要让我们长久生长在这里，从此复兴先王的伟大功业，安定四方。"

盘庚教导民众，告谕在位的贵戚大臣，效法先王的旧制，饬正法纪，他说："我规诫百姓的话，谁也不准隐瞒！"商王又命令许多官员到朝廷上来，这样对他们说："来吧，你们诸位，我不断告诫、训导你们，就是打算让你们消除私心，不要傲慢放纵，追求享乐。从前我们的先王也考虑重用世袭的贵戚，让他们共理朝政。先王向他们发布政令，他们绝不敢隐匿或变更先王的旨意，所以先王很敬重他们。他们又从不发布惑乱众听的谬论，所以民众也能一心向善。现在你们大嚷大叫，编造许多邪恶的话加以传播，我真不明白你们究竟在做什么！不是我要毁坏我们的德政，只因为你们隐匿了德政，而不给予我。我本来威严洞明，目光像烈火一样明亮，但处在烟雾弥漫的情况下，一时见事不明，哪里想到酿成了你们的放纵！"

"我们要像网一样结在纲上，做事才可以有条理而不至于紊乱。要像农夫那样勤于耕作，才可得到好收成。你们若能除去傲慢放纵之心，把真正的恩惠给老百姓以及你的亲戚朋友，那样你们才敢大言不惭地说自己是积累了德行的。倘若你们不怕远近的民众因为你们而受着大害，贪图安乐，不去耕地，不肯努力做劳苦的工作，这样，当然就不能收获庄稼了。你们不把我的善言宣布给百姓，这是你们自取祸谷，导致恶果及身，民众做坏事是由你们带头引导的，自然由你们自己承受苦果，懊悔也来不及！看这些小民还知道听从我规诫的话，唯恐祸从口出，何况我又掌握着你们的生杀之权！你们有话为何不先来告诉我，竟敢散播谣言蛊惑人心，恐吓民众？要知道，即使你们那些话像野火一样使人们无法靠近，我也终究会把它们扑灭，因为那是你们咎由自取，不是我的过错。

"古代贤人迟任曾经说：'用人应该专选旧臣，不能像使用器具那样，不要旧的只要新的。'从前先王和你们的祖先在从事迁徙上同心同德，我怎么敢对你们轻易加以处罚？你们若能世世继承先代的勤劳传统，我决不掩盖你们的美德。现在我大祭先王，你们的祖先也一起受祭。你们作善受福，作恶受灾都由先王和你们的祖先来处置，我也不敢擅用赏罚。

"我告诉你们，办事是困难的，就像射箭一样，要先用习射的箭练习。你们不准欺侮年高贤德之人，也不要欺凌幼弱，应该统率所属勤勉出力，听我的谋划。

"不论亲疏远近，要用刑罚来惩处罪人，用爵赏来表彰善人。国家治理好了，大家都有功劳；要是治理不好，只是由于我一个人行使刑罚时有过失。

"你们这些人要把我的话广为传达：从今往后，各自勤勉供职，整饬政务，谨慎所言。否则等惩罚降临到你们身上的时候，后悔都来不及了。"

故事

◆ 盘庚迁殷 ◆

盘庚是商朝的第二十位君王，他的哥哥名叫阳甲，是第十九位君王，阳甲死后，盘庚继承了王位。盘庚继位时，商朝早已废除了嫡长子继承制，因此作为弟弟的盘庚才得以坐上王位。盘庚是一位很有作为的君主，为商朝的繁荣发展做了很多贡献。

盘庚为了改变动荡不安的社会局面，更好地治理国家，决定迁都到殷这个地方，这个决定引起了很多百姓的不满。

盘庚迁都到殷以后，臣民们还是不喜欢这个地方，于是他召唤来了许多贵戚大臣，叫他们向民众转达这些话：我们的君王来到这里，是为了让大家有一个安居的好地方。先王有老规矩，就是敬遵天命，因此他们不敢贪图安逸。建国以来已迁过五次国都了，就像断裂的树木可以发出新的枝芽一样，我们迁移到新都，是要从此复兴先王的伟大功业，安定四方。可奇怪的是，他发现这并没有取得什么成效，百姓们听了这些话，还是十分不满。这是为什么呢？盘庚进行了一番调查，发现民众不愿意迁都，是因为有些大臣在暗中挑拨、煽动民众。盘庚十分生气，于是把大家召集起来，告诉他们，任何人都必须如实转告他的旨意，如果不照做，就罢免当权的贵族大臣。

那些大臣觉得自己没做错，自然不服气。于是盘庚说："先王向从前的贵族发布政令时，他们绝不敢隐瞒先王的旨意，所以先王很看重他们。他们也从不散布谬论，所以民众也能一心向善。现在你们却自以为是，编造许多邪恶的话加以传播。你们不把我的善言转告给百姓，这是你们自讨苦吃，为自己招来祸患。民众做坏事是由你们带头引导

的，自然由你们自己承受痛苦，懊悔也来不及！不论亲疏远近，我会一样对待。"

听到这里，那些贵族大臣们哑口无言，只好接受了惩罚。自从盘庚迁都到殷，国家安定繁荣起来，国力大增。盘庚去世后，被安葬在了他热爱的殷。

西伯戡黎①

西伯既戡黎，祖伊恐②，奔告于王③。

 注释

① 西伯戡（kān）黎：本篇记录了周文王征服了黎国后，殷商贵族祖伊开始恐慌，跑去对纣王发出警告的一段对话。西伯，周文王。戡，攻克，平定。

② 祖伊：人名，殷贵族。

③ 王：商王朝最后一个国王帝辛纣。

曰："天子！天既讫我殷命①。格人元龟②，罔敢知吉③。非先王不相我后人④，惟王淫戏用自绝⑤。故天弃我，不有康食⑥，不虞天性⑦，不迪率典⑧。今我民罔弗欲丧⑨，曰：'天曷不降威？'大命不挚⑩，今王其如台？"

 注释

① 既：通"其"，将。讫：终止。

② 格人：能知天地吉凶的人。元龟：大龟。

③ 吉：卜兆的吉凶。

④ 相（xiàng）：辅助，保佑。

⑤ 惟：是，为。淫戏：暴虐腐化。用：以。

⑥ 康食：安食，好好吃饭。

⑦ 虞：度。

⑧迪：遵循，因袭。率：法则，制度。

⑨丧：亡。

⑩挚：至。

王曰："呜呼！我生不有命在天？"

祖伊反①，曰："呜呼！乃罪多，累在上②，乃能责命于天③。殷之即丧④，指乃功⑤，不无戮于尔邦⑥。"

注释

①反：同"返"。

②累：原作"参"，据段玉裁《古文尚书撰异》之说改，积累。

③责：责成，要求。

④即：就，马上。

⑤指：通"耆"，致。

⑥无：疑问词倒置，相当于"吗"。戮：杀。

译文

西周文王平定了黎国，祖伊非常恐慌，跑去告诉纣王。

他说："大王！老天快要终止我殷朝的天命了。懂得天命的贤人和传达天意的宝龟，都不敢说有好兆头了。这不是祖宗不保佑我们，而是大王淫虐过度自己断绝了天命。因此老天才抛弃了我们，使大家没有安稳饭吃，更谈不上安于天性、遵循常法。现在我们的民众没有不希望王朝灭亡的，他们说：'老天怎么不降下惩罚来啊？'看来天命是无常的，大王啊，你还打算怎么办？

纣说："咦！我不是一生下来就有大命在身的吗？"

祖伊回去说："唉！你都恶贯满盈了，还向老天爷要什么天命？殷朝马上要灭亡了，你的所作所为发展下去，怎能不毁灭你的国家？"

故事

·西伯勘黎·

商朝末年，有一个强大的诸侯国——周兴起。周的创立人叫姬昌，被商的国君纣王封为西伯侯，史称西伯侯姬昌。周武王立国后，追谥西伯侯为文王，所以姬昌也被称为周文王。

西伯侯姬昌虽然只是一个诸侯，但胸怀富民强国之志，十分看不惯商纣王的暴行。经过多年谋划，西伯侯姬昌发动了讨伐纣王心腹之国——黎国的战争，史称西伯戡黎。这场战争规模并不算大，但意义却十分深远。这一战拉开了兴周灭商的序幕，最终推翻了殷商政权。

黎城位于太行山南端。炎帝时，南方的九黎族兴起，举兵北侵，在涿鹿与炎帝大战。炎帝初败，后九黎族联合黄帝族，杀死首领蚩尤，然后入黎立国。由于国中九黎族人众多，故称黎国，也随炎帝姓氏而被称为伊耆国。商朝时，黎国是商统治下的一个属国。由于黎国距离殷商的都城朝歌很近，所以被称为王都近畿。黎国据守着太行山南端的壶口关（今黎城东阳关），地理位置十分重要，所以纣王对黎国格外重视，给黎国国君的赏赐也多。

商周之际，有个很神奇的地方叫张讳岩。张讳岩是一个深约5米、长约10米的岩洞，周围山体俱是青石，唯岩洞里的石壁显红色。每当兵戈将起，岩洞里的石头就泛红，如果诸侯国更迭，则夜发毫光。西伯侯姬昌在位的第46年，张讳岩突然夜放毫光，一连几夜都如此。一直认为天下太平的纣王不免大吃一惊，遂决定亲自到黎国走走。见张讳岩的石头全都变成了血红色，纣王下旨将张讳岩的红色石头全部用白灰抹盖。

黎国与西周相隔千里，风马牛不相及，西伯侯却找到了戡黎的借口。姜尚说："戡黎不是灭纣。灭纣，自然要走正面大路；戡黎，是攻占纣王的大后方，等于在纣王的后背刺进去一把透心的尖刀。"西伯侯说："如果纣王发兵来救，切断我军退路，该怎么办？"姜尚说："鉴于目前殷商的内外情况，我们戡黎，他肯定不敢救，也不会救，您大可放心。这次出兵的目的有两个，戡黎之外还要控制太行山。"西伯侯说："难道太行山和灭纣有什么关系吗？"姜尚说："太行山对于争夺天下来说，实在是再重要不过了。而黎国正是太行山的咽喉所在，这次出兵，只能秘密行动。"西伯侯沉思后说："纣王无道，但黎国国君有德。按说我们应把黎国拉进反纣同盟中，但纣王对黎国非常重视，黎国对国都朝歌来说，位置也非常重要，也就只能这么做了。"

姜尚一听高兴地说："您说得太对了。纣王与黎国关系太好，黎国就会助纣为虐，这是第一条罪状。第二就是距离太近，距离太近也能构成罪状。还有一个借口，就是纣王曾经亲口允诺，西伯侯可以任意讨伐不听号令的诸侯。这句话正好派上了用场。"西伯侯大喜。

西伯戡黎发生在秋水上涨的七月，不少士兵被水流冲走了。因此，第一波进攻，周军并没有占到多大便宜。接着周军又发起第二波进攻，比第一波更凶猛。南岸的西伯侯见周军进攻受阻，亲自站到军中擂鼓进军，喊杀声盖过了漳河的涛声。战斗至中午，周军进攻的势头稍缓。正午刚过，周军又一次发起了强大的攻势。黎国国君也在高山上亲自擂鼓进军，黎军士气大振，但是终究挡不住周军潮水般的人流。后来，黎军渐渐后退，白色战旗亦渐次散乱。战斗至太阳西斜，周的虎贲、甲士几乎全部渡河，黎军已经失去有组织的抵抗，白色战旗为红色战旗所包围，一点点消失。站在擂鼓台上的黎国国君眼看大势已去，无限留恋地看着即将下山的残阳，跪地朝东拜了几拜，然后带着长子，率领身边的几十个亲兵杀向岸边。西伯侯和姜尚率领最后一批甲士渡河后，见一黎将正在岸边厮杀，得知是黎国国君，西伯侯赞叹不已，下令不准伤害他的性

命，令其投降。但黎国国君奋战至死。在城中的王后也随即自尽。西伯侯怜赏黎国国君和王后的忠义，按照王后的遗愿，将她葬在壶口关下。从此，壶口关又名王后岭。黎城古县志载黎侯姬墓，即指此墓。

至此，黎亡。

微子^①

微子若曰："父师、少师^②，殷其弗或乱正四方^③！我祖厎遂陈于上^④，我用沈酗于酒^⑤，用乱败厥德于下^⑥。殷罔不小大，好草窃奸宄^⑦。卿士师师非度^⑧。凡有辜罪^⑨，乃罔恒获^⑩。小民方兴^⑪，相为敌雠。今殷其沦丧^⑫，若涉大水^⑬，其无津涯^⑭。殷遂丧，越至于今^⑮。"

注释

①微子：微子是殷王朝的贵族，名启，纣的庶兄。微子对于纣王的恶行曾百般劝谏，纣王始终不听。本篇记载了商朝灭亡前，微子向王朝父师、少师询问如何应对的一番谈话。

②父师、少师：商王朝官名。父师，即太师。

③其：将。弗或：不能。乱：治理。

④我祖：指商王朝第一任君主汤。厎：致。陈：列。

⑤我：指纣王。用：因，由于。

⑥厥：其，指汤。

⑦小大：指群臣及小民。草窃：掠夺。奸宄：邪恶作乱。

⑧卿士：执政之官。师师：教师，引申为效法。度：法。

⑨辜：罪。

⑩罔恒获：常常得不到。

⑪方：一并。兴：起。

⑫沦丧：灭绝。沦，沉沦。

⑬涉：渡河。

⑭其：而。津：渡口。涯：水边。

⑮丧：亡。越：散发，离散。

曰："父师、少师，我其发出狂①？吾家耄逊于荒②？今尔无指告予③，颠隮若之何其④？"

注释

①发：行。狂：通"往"，出走。

②耄：昏乱，老糊涂。逊：逃避，躲开。荒：荒野。

③尔：你们。无：疑问词倒置，相当于"吗"。指：通"稽"，计。

④颠：最高处。隮（jī）：坠落。

父师若曰："王子①，天毒降灾荒殷邦②，方兴沈酗于酒，乃罔畏畏③，咈其耈长，旧有位人④。今殷民乃攘窃神祇之牺牷⑤，用以容，将食无灾⑥。降监殷民⑦，用乂雠敛⑧，召敌雠不怠⑨。罪合于一⑩，多瘠罔诏⑪。商今其有灾⑫，我兴受其败⑬。商其沦丧，我罔为臣仆⑭。诏王子出迪，我旧云刻子⑮，王子弗出，我乃颠隮。自靖⑯，人自献于先王⑰，我不顾行遁⑱。"

注释

①王子：指微子，因他是帝乙之子，故称。

②毒：通"笃"，厚。荒：通"亡"，灭亡。

③畏畏：即"畏威"，畏惧天威。

④咈：违逆。耈（gǒu）长：指权高年长的官员。旧有位人：旧时在位大臣。

⑤攘：偷窃。神祇：天地神鬼。牺：祭祀时所用毛色纯一的牲口。牷（quán）：祭祀时所用肢体齐全的牲口。

⑥容：宽容。将食：同义连用成语，吃。

⑦降：下。监：察视。

⑧乂：治。雠敛：重赋。雠，通"稠"，繁多。

⑨ 召：招致。怠：倦怠。

⑩ 合：集合。

⑪ 瘠：疾苦。诏：告。

⑫ 其：将。

⑬ 兴：起。

⑭ 罔为臣仆：不要成为奴隶。

⑮ 迪：行走，动作，实行。刻子：即"箕子"，古音通假。

⑯ 自靖：各自打主意。

⑰ 人：各人。献：献身。

⑱ 顾：反顾。行：将。遁：逃。

 译文

微子说："父师、少师！我们殷王朝快不能治理国家了！我们的祖宗成汤以前开拓的功业，被我们酗酒荒淫的王败坏尽了。殷王朝从上到下无不喜欢为所欲为，掠夺财货。朝廷卿士众官也不守法典。逃亡的罪人也抓不回来。民众一齐兴起，相为仇敌。现在殷王朝快要灭亡了，就好像要渡河却找不到渡口、河岸。难道殷王朝今天就要灭亡吗？"

他又说道："父师、少师！我是逃走呢，还是随着王朝同归覆亡呢？现在你们能告诉我吗？国亡了到底如何才好啊？"

父师这样说道："王子！老天给我殷朝降下严重的灾祸，但沉湎于酒的纣王却不畏天威，不听年长德高的大臣的劝告。现在我们殷人竟至偷窃祭祀鬼神用的祭品，吃了也不受惩罚。对下面百姓征敛繁重的赋税，招致无数敌对情绪还不知停止。那么多罪恶加到一起，百姓被榨干了却无处控诉。商王朝眼看就有灾难了，要轮到我们承受。商王朝要灭亡了，我们可不能做亡国奴。告诉你，王子，按我过去说过的话，你还是出逃吧，要是不走，我们最后都要完蛋。大家各自考虑前途，各自打算一下怎么献身先王，反正我不打算逃跑。"

故事

·◆· 微子的故事 ·◆·

微子是商王帝乙的长子、商纣王帝辛的长兄。他的本名叫启，因为纣王给他的封地叫微国，所以大家都叫他微子。

为什么微子比商纣王年纪大，却没有继承王位呢？因为他们的母亲在生微子和微子的另外一个弟弟的时候，还是商王的妾，成为正室之后，才生下了纣王。虽然商王帝乙很想把微子立为太子，但是有的官员不同意，认为只有正室之子才可以继承帝位，所以只有帝辛可以成为太子，继承帝位。

微子虽然是商纣王的哥哥，但他跟残暴昏庸的商纣王完全不是一类人。看着自己的弟弟整日沉迷玩乐、荒淫无度，他感到十分担忧。有一天，他跟父师箕子、少师比干两位官员坐在一起，忍不住把自己心中的疑虑告诉他们：

"我们祖宗汤开拓的功业，被我们败坏光了。从上到下的人都在为所欲为，掠夺财货，朝廷卿士众官也不守法典，逃亡的罪人也常抓不回来，老百姓们也并起争夺斗殴。殷王朝快要灭亡了吗？我们该怎么办？要逃走还是留下与国家共存亡？"

这两位官员也深刻地担忧着国家的命运，但是商纣王谁的劝告也不听，只知道按照自己的喜好去行事，丝毫不关心老百姓的安危存亡。不光是大臣，就连微子自己也多次劝谏纣王，可是都没有效果，纣王连自己哥哥的话都听不进去。在这样的情况下，如果微子坚持劝谏纣王，不但不能让他悔改，反而会让纣王心生厌恶，甚至杀掉微子。父师和少师想了想，决定还是劝微子离开。父师说：

"现在纣王对下面的百姓施行繁重的赋税征敛，招致无数人的不满，百姓被榨干了却无处诉苦。商王朝眼看就有灾难了，我们固然想让国家好起来，哪怕奉献出自己的生命都可以。可是这样的国家，哪怕我们死掉也拯救不了，现在我们的处境也非常不好，所以王子你还是出逃吧。"

听了箕子的话，微子也知道，自己的弟弟无可救药了，这个国家也离灭亡不远了，这是他无法改变的事情。思考再三，他最终还是决定离开这个让他失望的国家。后来，比干果然被杀害，箕子也被囚禁了起来。

周武王即位时，微子持商王室宗庙礼器，来到周武王军营前，表示投降。他祖露上身，双手捆缚于背后，跪地膝进，左边有人牵羊，右边有人秉茅，向周武王请罪。周武王大为震撼，认为微子是一个有能力治理国家的人，于是恢复了他卿士的职位。

周朝初年，周武王把殷朝旧都分封给他，建立名叫宋国的诸侯国，从此他成了周朝宋国的始祖。他在位期间仁慈有能力，封地内的百姓们都十分爱戴他。

后人对微子的评价也很高，《论语》中说："微子去之，箕子为之奴，比干谏而死。孔子曰：'殷有三仁焉。'"意思是说，殷商有三位仁人，即微子、箕子、比干。微子死后，关于他的陵墓所在地有两个说法：一说在河南商丘，一说在山东济宁的微山岛。如今这两个地方都有微子墓和相关的纪念场所，可见后人十分敬仰他。

周书

第三篇

　　《周书》记载了发生在周王室的种种大事件。周朝（公元前 1046 年—公元前 256 年）是我国第三个奴隶制朝代，周朝一共传国君 32 代 37 王，享国共计 790 年。周朝分为西周（公元前 1046 年—公元前 771 年）和东周（公元前 770 年—公元前 256 年）两个时期。周朝由周武王姬发创建，定都镐京（今陕西西安）。周成王时迁都成周（今河南洛阳），其后周穆王又筑宫南郑（今陕西汉中），其后周懿王又迁都犬丘（今陕西兴平东南）。公元前 771 年，镐京陷落，西周灭亡；公元前 770 年，平王东迁，定都成周，此后周朝的这段时期被称为东周。史书又将西周和东周合称为两周。其中东周以"三家分晋"为节点，又分为春秋和战国两个时期。

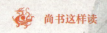

泰誓上^①

惟十有三年春^②，大会于孟津^③。

 注释

①泰誓："泰"又作"太"，"太誓"就是"大誓"。本篇所载乃武王伐纣，大会诸侯于孟津（盟津），在众军前的誓师词。司马迁认为《泰誓》作于武王伐纣之时。但此《泰誓》后来散佚了，不在西汉伏生《今文尚书》二十八篇内。旧说西汉武宣之时曾从民间得到《泰誓》，和伏生本凑成二十九篇之数，但此说值得商榷，不排除汉武帝后的《泰誓》有伪作的可能。此《泰誓》三篇见于梅赜《古文尚书》。

②十有（yòu）三年：即十三年。有，又。蔡沈《书集传》云："十三年者，武王即位之十三年也。"

③孟津：黄河古渡口名，在今河南孟津。

王曰^①："嗟！我友邦冢君^②，越我御事庶士^③，明听誓^④。惟天地万物父母，惟人万物之灵。亶聪明^⑤，作元后，元后作民父母。今商王受^⑥，弗敬上天，降灾下民，沉湎冒色^⑦，敢行暴虐，罪人以族^⑧，官人以世^⑨。惟宫室、台榭、陂池、侈服^⑩，以残害于尔万姓^⑪。焚炙忠良^⑫，刳剔孕妇^⑬。皇天震怒，命我文考，肃将天威^⑭，大勋未集^⑮。肆予小子发^⑯，从尔友邦冢君，观政于商^⑰，惟受罔有悛心^⑱，乃夷居^⑲，弗事上帝神祇，遗厥先宗庙弗祀^⑳。牺牲粢盛^㉑，既于凶盗^㉒。乃曰：'吾有民有命^㉓。'罔惩其侮^㉔。

注释

① 王：周武王姬发。

② 冢（zhǒng）君：大君，指随从伐商的诸侯国君。冢，大。

③ 越：与，和。御事：近臣。庶士：众官员。

④ 明：努力。

⑤ 亶（dǎn）：诚实。

⑥ 商王受：商纣王，受是其名。

⑦ 沉湎：沉溺于酒。冒色：贪恋女色。

⑧ 族：灭族。

⑨ 官人：以官职任用人。世：世袭。

⑩ 台榭（xiè）：建在高土台上的敞屋。《孔传》中说："土高曰台，有木曰榭。"陂池：池塘。《孔传》中说："泽漳曰陂，亭水曰池。"侈服：华丽的服饰。《孔传》中说："侈谓服饰过制，言匮民财力，为奢丽。"

⑪ 万姓：即天下万民。

⑫ 焚炙（zhì）：焚烧，指炮（páo）烙（luò）之类酷刑。

⑬ 刳（kū）剔：割剖。

⑭ 文考：周文王。肃：敬。

⑮ 勋：功业。集：成就。

⑯ 肆：因此。予小子发：武王姬发自称。

⑰ 观政于商：观察政事。

⑱ 悛（quān）：悔改，改过。

⑲ 夷居：形容傲慢无礼的样子。夷，蔡沈在《书集传》中说："蹲踞也。"

⑳ 遗：废弃。先：祖先。

㉑ 牺牲：祭祀时所用的牛羊类牲畜，色纯为牺，体全为牲。粢（zī）盛（chéng）：盛在祭器中的黍稷。《孔传》说："黍稷曰粢……在器曰盛。"

㉒ 既：尽。凶盗：凶恶盗窃之人。

㉓ 有命：有天命。

㉔ 惩：制止。侮：傲慢。

"天佑下民①，作之君②，作之师③，惟其克相上帝④，宠绥四方⑤。

有罪无罪，予曷敢有越厥志^⑥？同力度德，同德度义^⑦。受有臣亿万，惟亿万心；予有臣三千，惟一心。商罪贯盈^⑧，天命诛之。予弗顺天，厥罪惟钧^⑨。

 注释

① 佑：助。

② 作：设立。

③ 师：官员。

④ 相：辅佐。

⑤ 宠：爱护。绥：安定。

⑥ 曷：何。越：违背。

⑦ 同力度德，同德度义：《孔传》说："力钧则有德者胜，德钧则秉义者强，揆度优劣，胜负可见。"

⑧ 贯：通，串。盈：满。

⑨ 钧：通"均"，同。

"予小子夙夜祗惧^①。受命文考^②，类于上帝^③，宜于冢土^④，以尔有众，厎天之罚^⑤。天矜于民^⑥，民之所欲，天必从之。尔尚弼予一人^⑦，永清四海。时哉^⑧，弗可失！"

 注释

① 夙（sù）夜：早晚。祗：敬。

② 受命文考：从文王那里接受上帝赐予的天命。

③ 类：祭天之礼，以特别重要之事祭告上天。

④ 宜：祭社稷之礼。冢（zhǒng）土：大社。古代为万民百官所立的社，祭祀土神和谷神。

⑤ 厎（zhǐ）：致。

⑥ 矜（jīn）：怜悯，同情。

⑦弼：辅佐。予一人：武王自称。

⑧时：时机。

 **译文**

十三年春，周武王在孟津这个地方跟诸侯会盟。

周武王说："啊！我的友邦首领们，以及我的近臣、官员们，请仔细地听我的誓词。天地是万物的父母，人是万物中的灵长。真正聪明的人会成为大王，大王就是民众的父母。现在商王受不敬重上天，给民众降下灾祸，沉溺美酒，贪恋女色，肆行残暴，还用株连灭族之法来惩罚民众，凭世袭之法来任用官吏。为了建造宫室、楼台、池塘，制作奢侈的服饰，他残害民众，炮烙忠良，割剖孕妇。于是皇天大怒，命我先父文王施行天罚，但大功未成。因此我姬发和你们这些友邦首领一直观察商朝的政治状况，但是商王受毫不悔改，仍然傲慢无礼，不祭祀天地鬼神，废弃宗庙不行祭祀。祭祀用的牲畜、器物里的黍稷，都被盗贼偷吃了。他却还说：'我有臣民，有天赐的大命！'仍然不停止他傲慢的行为。

"上天佑助天下民众，为他们立了君王，选了百官，希望他们能够辅佐上天，爱护和安定天下百姓。有罪与否，我怎么敢违背上天的意志呢？力量相等就度量德行，德行相配就度量义。商王受有大臣亿万，却不与他同心同德；我只有大臣三千，却是一条心。商王受恶贯满盈，上天命令去诛杀他。我若不顺应上天，我就和商王受的罪行一样了。

"我早晚敬慎戒惧。从先父文王那里接受了上天赐予的大命，又举行了祭天之礼、祭社稷之礼。因而率领你们诸位，奉行天罚。上天怜悯民众，所以民众的愿望，上天一定会顺从。希望你们辅佐我，使天下永远安宁。这是个好时机啊！不可丧失。"

 故事

·商纣王的暴行·

帝辛是历史上著名的暴君，后世称他为商纣王。他做过很多不仁不义的事情，引起了百姓的不满。最终，商朝被周武王率兵推翻了。

商纣王所做的事情令人发指。在贪图享乐方面，他可谓做到了极致。他曾经命人挖了一个大池子，池子里装满美酒，他在这个池子中与美人一起划船作乐，一边划船一边喝酒。他还喜欢吃肉，于是命人在一片空地上竖起很多木桩子，上面挂满了香喷喷的烤肉，他与他的妃子们就在这片"烤肉森林"中一边享受美食，一边追逐嬉闹。他还花费大量人力物力建造了一座鹿台，整日在鹿台上与美人们寻欢作乐。后人根据他的劣迹总结出一个成语——酒池肉林，形容统治者极度奢侈的生活。虽然这样的生活听起来很快乐，但这种快乐是建立在广大百姓的痛苦之上的，所以商纣王才为后人所唾弃。

如果商纣王只是贪图享乐，人们也不至于唾骂他数千年。他为人残忍霸道。他发明了一种酷刑——炮烙，就是用炭火把柱子烧红，逼迫反对他的人在上面爬行。有一次他想知道胎儿长什么样，于是找来一个孕妇，残忍地剖开了她的肚子。为了知道农夫光脚过河为什么不觉得冷，他找来一个农夫并砍下了他的脚……这样的事情数不胜数，令人不寒而栗。

除此之外，他专宠奸臣，偏爱妃子妲己。妲己可不是什么善良的美女，偏偏商纣王十分听她的话。她看不惯谁，商纣王就去把那人除掉；她想要什么，商纣王就千方百计地找来。在妲己的教唆下，商纣王杀掉了很多有能力的忠臣，还坑害百姓。更过分的是，商纣王干脆也不亲自

去祭祀祖先和上天了，这听起来好像没什么大不了的，但在中国古代，祭祀是一件十分重要的事。商纣王不重视祭祀，百姓自然也不再重视祭祀，祭祀的物品经常被偷吃。他的昏庸，还导致奸臣横行，民不聊生，社会十分混乱，经常有犯罪事件发生。

　　身为一个君王，商纣王就没有一点值得肯定的地方吗？也不是。商纣王在位初期，曾经平定了东夷的叛乱，并且拓展了疆土，让商朝的影响扩大到了江淮流域，为那里的人们带去了先进的中原文化。如果他一直保持初心，没有被荣华富贵冲昏了头脑，也许真的可以做一位被后人称赞的明君。

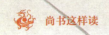

泰誓中

惟戊午，王次于河朔^①。群后以师毕会^②。王乃徇师而誓^③。

① 次：停留，驻扎。河朔：黄河北岸。
② 群后：诸侯国君。毕：全部。会：会合。
③ 徇：通"巡"。巡行。

曰："呜呼！西土有众^①，咸听朕言。我闻吉人为善^②，惟日不足；凶人为不善，亦惟日不足。今商王受，力行无度，播弃犁老^③，昵比罪人^④，淫酗肆虐^⑤。臣下化之^⑥，朋家作仇^⑦，胁权相灭^⑧。无辜吁天^⑨，秽德彰闻^⑩。

① 西土有众：西方的方国诸侯。有，助词。
② 吉人：善良的人。
③ 播弃：抛弃，弃置。播，迁移，流亡。犁老：老人。
④ 昵比：亲近，勾结。
⑤ 淫：过分，过度。酗：酗酒。
⑥ 化：同化。
⑦ 朋：朋党。
⑧ 胁：挟持。

⑨ 无辜：无罪。吁：呼吁。

⑩ 秽德：恶德，恶行。彰：显著。

　　"惟天惠民①，惟辟奉天②。有夏桀弗克若天③，流毒下国④。天乃佑命成汤，降黜夏命⑤。惟受罪浮于桀⑥，剥丧元良⑦，贼虐谏辅⑧，谓己有天命，谓敬不足行⑨，谓祭无益，谓暴无伤。厥监惟不远⑩，在彼夏王。天其以予乂民⑪，朕梦协朕卜⑫，袭于休祥⑬，戎商必克⑭。受有亿兆夷人⑮，离心离德；予有乱臣十人⑯，同心同德。虽有周亲⑰，不如仁人。

注释

① 惠：爱。

② 辟：君王。奉：恭奉。

③ 若：顺从。

④ 下国：天下。

⑤ 黜：废除。夏命：夏朝的大命。

⑥ 浮：超过。

⑦ 剥：伤害。丧：丢弃，离开。元良：微子之类的忠臣。

⑧ 贼：杀害。虐：残暴。谏辅：敢于谏诤的大臣，指比干。

⑨ 足：值得。

⑩ 监：通"鉴"，借鉴。

⑪ 其：副词，表揣测语气。以：用。乂：治。

⑫ 协：符合。

⑬ 袭：重叠，重复。休：美。祥：善。

⑭ 戎：征伐。

⑮ 亿兆：极言极多，虚指。

⑯ 乱：治。十人：《孔传》说："周公旦、召公奭、太公望、毕公、荣公、太颠、闳夭、散宜生、南宫适及文母。"

⑰ 周亲：至亲。

"天视自我民视^①，天听自我民听。百姓有过^②，在予一人，今朕必往。

 注释

①自：从。
②过：责备。

"我武惟扬^①，侵于之疆^②，取彼凶残^③。我伐用张^④，于汤有光^⑤。

 注释

①武：武力。扬：举。
②疆：国界。
③取：擒拿。凶残：凶恶残暴，指商王受。
④张：大的成果。
⑤汤：商王成汤。光：光荣，荣耀。

"勖哉夫子^①！罔或无畏^②，宁执非敌^③。百姓懔懔^④，若崩厥角^⑤。呜呼！乃一德一心^⑥，立定厥功^⑦，惟克永世^⑧。"

 注释

①勖（xù）：勉励，努力。夫子：指将士。
②罔或无畏：《孔传》说："无敢有无畏之心。"意谓不要轻敌。
③非敌：非我所能敌。
④懔（lǐn）懔：畏惧不安的样子。
⑤崩：崩摧。角：额角。
⑥乃：你们。一德一心：犹云"同心同德"。

⑦ 立：建。

⑧ 永：长久。

译文

戊午这一天，周武王率军驻扎在黄河北岸。各路诸侯率领的军队全部会合在这里。于是武王巡视军队并与他们盟誓。

他说："啊！西方各诸侯国的将士们，都听我讲话。我听说好人做好事，整天做还觉得时间不够；坏人做坏事，也是整天做还觉得时间不够。现在商王受拼命干坏事，漫无法纪，抛弃年高德劭的大臣，亲近奸佞，过度酗酒，肆行暴虐。臣下们也受其影响，各自建立朋党，相互为敌，挟持权力，彼此杀伐。无罪的人呼天告冤，商王受的恶行甚至传到了上天那里。

"上天慈爱民众，君王应恭奉上天。夏王桀不能顺应上天，危害天下。上天于是赐下福命佑护成汤，降下废除夏朝的命令。商王受的罪行超过了夏桀，他伤害、驱逐忠良之臣，残杀直谏的辅臣，还说自己享有天命，说上天不值得尊敬，祭祀也没有用，说暴虐没有害处。商王受的前车之鉴并不远，就是那个夏桀。上天将要让我治理万民，我的梦符合我的占卜，二者都显示出吉祥的预兆。征伐商王受一定能够胜利。商王受有亿万臣民，却不同心不同德；我有治乱大臣十人，同心同德。商王受虽有至亲大臣，却不如我有仁义之士。

"上天所见，来自我们民众所见；上天所闻，来自我们民众所闻。民众有所责备，是我一人的责任，现在我坚决地前去伐商。

"我们的武力要壮大起来，进攻到商王畿的疆域，擒住那凶残的受。我们的征伐会获得大成果，比成汤征伐夏桀更光荣。

"努力啊，将士们！不要有轻敌之心，民众畏惧不安，好像磕坏额角一样。啊！你们要同心同德，建立自己的功业，这样才能永垂后世。"

泰誓下

时厥明^①，王乃大巡六师^②，明誓众士^③。

 注释

① 时厥明：指戊午日第二天。

② 六师：六军。西周建立后有西六师，或即此。

③ 众士：众将官。

王曰："呜呼！我西土君子。天有显道^①，厥类惟彰^②。今商王受狎侮五常^③，荒怠弗敬^④，自绝于天，结怨于民。斮朝涉之胫^⑤，剖贤人之心^⑥，作威杀戮，毒痡四海^⑦。崇信奸回^⑧，放黜师保^⑨，屏弃典刑^⑩，囚奴正士^⑪。郊社不修^⑫，宗庙不享，作奇技淫巧以悦妇人^⑬。上帝弗顺，祝降时丧^⑭。尔其孜孜，奉予一人^⑮，恭行天罚。

 注释

① 显：明。

② 类：法则。

③ 狎（xiá）侮：轻忽、亵渎。五常：指父义、母慈、兄友、弟恭、子孝五种伦常。

④ 荒怠：荒弃怠慢。

⑤ 斮（zhuó）朝涉之胫：《孔传》说："冬月见朝涉水者，谓其胫耐寒，斮而视之。"斮，斫，砍。涉，涉水。胫，小腿。

⑥剖贤人之心：殷臣比干强谏商王受，受剖比干，观其心。事见《史记·殷本纪》。

⑦痡（pū）：病，伤害。

⑧崇：推崇。回：邪僻。

⑨放黜：放逐贬退。师保：古时负责教导贵族子弟的官职。

⑩典刑：常法。

⑪囚奴正士：《史记·殷本纪》载："箕子惧，乃详狂为奴，纣又囚之。"囚奴，囚禁奴役。正士，正直之士。

⑫郊社：祭祀天地之礼。不修：不治。

⑬奇技淫巧：蔡沈在《书集传》中说："奇技，谓奇异技能。淫巧，为过度工巧。"悦：取悦。妇人：指妲己。

⑭祝：《孔传》说："断也。"

⑮其：助词，表示祈使语气。孜孜：勤勉不懈怠。奉：扶助，帮助。

"古人有言曰：'抚我则后①，虐我则雠②。'独夫受洪惟作威③，乃汝世雠④。树德务滋⑤，除恶务本⑥，肆予小子诞以尔众士⑦，殄歼乃雠⑧。尔众士其尚迪果毅，以登乃辟⑨。功多有厚赏，不迪有显戮⑩。

注释

①抚：抚慰。则：就。后：君主。

②雠：仇敌。

③独夫：蔡沈在《书集传》中说："独夫，言天命已绝，人心已去，但一独夫耳。"洪：大。

④世雠：大仇。

⑤务：致力。滋：滋长。

⑥本：根本。

⑦肆：因此。诞：助词，无意义。

⑧殄（tiǎn）：绝灭。

⑨迪：行，行动。果：果敢。毅：坚毅。登：成就。辟：君王。

⑩显戮：明显的惩罚，指公开刑杀于市朝。

"呜呼！惟我文考若日月之照临①，光于四方，显于西土。惟我有周诞受多方②。予克受③，非予武④，惟朕文考无罪；受克予，非朕文考有罪，惟予小子无良。"

注释

① 文考：指文王。若：好像。
② 诞：助词。多方：归附于周的诸侯国。
③ 克：胜。
④ 武：勇武。

译文

到了戊午日的第二天，周武王巡视检阅六师，在众将官前发表誓词。

武王说："啊，我的西方将士们！上天有着明显的法则，他的法则应当显扬出来。现在商王受轻侮五常，荒废不敬，自绝于天，与民众结怨。他砍断清晨徒步涉水者的小腿，剖开贤人的心脏，设立酷刑，杀戮无辜，毒害天下。他崇信奸佞之人，流放黜退师保，摒弃常法，囚禁直谏之士。不举行祭祀天地的礼仪，祖先宗庙也不去祭祀，还热衷制造奇技淫巧之物，来取悦女人。上天厌恶他，断然为他降下这丧亡的大祸。你们应该努力辅助我，恭敬执行上天的惩罚！

"古人曾说过：'抚爱我的就是君王，残害我的就是仇敌。'丧道的独夫受大行威罚，他就是你们世代的大敌。树立德行并务求它滋长，除绝邪恶务求去根，所以我率领你们诸位将士，去歼灭你们的仇敌。希望诸位将士勇往直前，果敢坚毅地去成就你们的君王的大业。功劳多的有重赏，不遵循命令的就公开刑杀。

"啊！我父文王的德行如同日月照耀一般，光辉普及四方，显耀于西土。我们周国接受了各方诸侯的归附，如果我战胜商王受，不是因为我勇武，而是因为我的先父文王没有过失；如果我被商王受战胜，不是我父文王有罪过，只是因我没有行善道。"

武成①

惟一月壬辰②，旁死魄③。越翼日，癸巳④，王朝步自周⑤，于征伐商⑥。厥四月，哉生明⑦，王来自商，至于丰⑧。乃偃武修文⑨，归马于华山之阳⑩，放牛于桃林之野⑪，示天下弗服⑫。

注释

①武成：即成就武功之谓，指武王伐纣灭商之事取得成功。武王灭商后，设立三监管理殷余民，释箕子之囚，释百姓之囚，散鹿台之财，赈济百姓，最后西归，史官记录了这一过程，作《武成》篇。事见《史记·周本纪》。但《武成》篇在东汉就亡了，《史记·周本纪》所载仅其逸文而已。本篇属梅赜《古文尚书》。

②一月：《孔传》说："此本说始伐纣时，一月，周之正月。"

③旁死魄：月亮大部分无光的时候。旁，近。

④越：时间距离的经过。翼日：第二天。

⑤周：指宗周镐京。

⑥于：往。

⑦哉生明：指月亮开始发光。哉，始。

⑧丰：文王所都，在今陕西省西安市长安区西南沣河以西。

⑨偃：停息。修：实行。

⑩华山：旧说为西岳华山。

⑪桃林：《孔传》说："桃林在华山东。"阎若璩说："桃林塞为今灵宝县西至潼关广围三百里皆是。"

⑫服：使用。

丁未，祀于周庙①，邦甸、侯卫骏奔走②，执豆、笾③。越三日，庚戌，柴，望④，大告武成⑤。

注释

① 周庙：周的祖庙。

② 邦甸、侯卫：泛指远近诸侯。骏奔走：迅速奔走助祭。骏，迅速。

③ 豆、笾（biān）：二者都是古代祭祀的礼器。

④ 柴：烧柴祭天之礼。望：祭祀山川之礼。

⑤ 大告：遍告。

既生魄①，庶邦冢君②暨百工③，受命于周。

注释

① 既生魄：王国维《生霸死霸考》一文说："既生霸，谓自八九日以下降至十四五日也。"

② 冢君：大君，即各诸侯王。

③ 百工：百官。

王若曰："呜呼，群后①！惟先王建邦启土②，公刘克笃前烈③，至于太王④，肇基王迹⑤，王季其勤王家⑥。我文考文王，克成厥勋⑦，诞膺天命⑧，以抚方夏⑨。大邦畏其力，小邦怀其德。惟九年，大统未集⑩，予小子其承厥志。厎商之罪⑪，告于皇天后土⑫，所过名山大川，曰：'惟有道曾孙周王发⑬，将有大正于商⑭。今商王受无道，暴殄天物，害虐烝民⑮，为天下逋逃主⑯，萃渊薮⑰。予小子既获仁人⑱，敢祗承上帝⑲，以遏乱略⑳。华夏蛮貊，罔不率俾㉑。恭天成命㉒，肆予东征，绥厥士女㉓。惟其士女，篚厥玄黄㉔，昭我周王㉕。天休震动㉖，用附我大邑周㉗。惟尔有神，尚克相予以济兆民㉘，无作神羞！'

注释

①后：指诸侯王。

②先王：指后稷。

③公刘：周先公名，后稷的曾孙，修后稷之业，使周国富裕。烈：功绩，功业。

④太王：即太王古公亶父，王季的父亲，文王的祖父，积德行义，率周人至于岐地，定都周原，得到周人的爱戴。

⑤肇基：开始。

⑥王季：文王的父亲。

⑦勋：功。

⑧膺：接受（天命等好的东西）。

⑨方夏：四方及中土。

⑩集：成就，成功。

⑪厎：致。

⑫皇天后土：指天神地祇。

⑬曾孙：自称之词。

⑭大正：《孔传》说："以兵征之。"

⑮烝：众。

⑯为天下逋（bū）逃主：《孔传》说："天下罪人逃亡者，而纣为魁主。"

⑰萃：聚。

⑱仁人：《孔传》说："谓太公、周、召之徒。"

⑲祗：敬。承：奉。

⑳遏：断绝，阻止。略：谋略，计谋。

㉑华夏：中原、中国。蛮：古代泛称南方少数民族。貊（mò）：这里泛指北方少数民族。率：顺。

㉒成命：共同伐商的天命。

㉓士女：男女的泛称，这里指广大百姓。

㉔篚：圆形的竹筐。这里作动词用。玄黄：玄黄二色的丝帛。

㉕昭：见。

㉖天休震动：周的善德感天动地。

㉗ 大邑周：即周国，周人自称。

㉘ 相：帮助。济：帮助，救助。兆民：天下众多民众。

"既戊午，师逾孟津①。癸亥，陈于商郊②，俟天休命③。甲子昧爽④，受率其旅若林⑤，会于牧野⑥。罔有敌于我师⑦，前徒倒戈⑧，攻于后以北⑨，血流漂杵⑩。一戎衣⑪，天下大定。乃反商政⑫，政由旧⑬。释箕子囚，封比干墓⑭，式商容闾⑮。散鹿台之财⑯，发钜桥之粟⑰，大赉于四海⑱，而万姓悦服。"

注释

① 逾：越过。孟津：即"盟津"，此黄河渡口在今河南省孟津东北。

② 陈：布阵。商郊：商都朝歌的郊外。

③ 俟天休命：等待上天的美命降临，这里是等待天亮开战的意思。

④ 甲子：甲子日。昧爽：指早晨天快亮的时候。

⑤ 旅：众，军队。若林：《孔传》说："言盛多。"

⑥ 牧野：朝歌的南郊，在今河南新乡。

⑦ 敌于我师：即与我师为敌。

⑧ 前徒：前军。倒戈：掉转矛戈。

⑨ 后：后面的军队。北：败逃。

⑩ 杵：舂杵。

⑪ 一戎衣：一次用兵。

⑫ 反：废除。

⑬ 由：用。旧：指商先王的善政。

⑭ 封：堆土为坟。

⑮ 式：同"轼"，车前的横木。这里用作动词，礼敬之意。商容：商代贤人。闾：里巷的大门。

⑯ 鹿台：商府库名。

⑰ 钜（jù）桥：商的粮仓。

⑱ 赉（lài）：赏赐，施舍。

列爵惟五^①，分土惟三。建官惟贤^②，位事惟能^③。重民五教^④，惟食、丧、祭。惇信明义^⑤，崇德报功^⑥。垂拱而天下治^⑦。

 注释

① 列爵：班赐爵位。五：指公、侯、伯、子、男五等诸侯。

② 建：建立，设置。

③ 位事：居位处事。

④ 五教：蔡沈在《书集传》中说："五教，君臣、父子、夫妇、兄弟、长幼，五典之教也。"

⑤ 惇：崇尚，重视。

⑥ 崇：尊。报：报答。

⑦ 垂拱：垂衣拱手，言不亲理事务。

 译文

一月壬辰日，月亮黯淡无光。到了第二天癸巳日，武王早晨从周都镐京出发，开始征伐商朝。四月，月亮开始露出光辉，武王伐商归来，到达丰邑。于是武王停止了武备，开始施行文教，把马放归到华山的南面，把牛放回到桃林的旷野，向天下表示不再使用武力。

丁未日，武王在周祖庙祭祀，远近的诸侯奔走助祭，陈设木豆、竹笾等祭器。过了第三天，庚戌日举行柴祭和望祭的大礼，遍告天下伐商成功。

十五日之后，众多诸侯国君以及百官，接受周天子的策命。

周武王这样说道："啊！众位诸侯！我先王后稷建立邦国，开辟疆土，公刘能够增进先王功业。到了太王古公亶父，开始建立王室的基业，王季也能勤政于邦国。我的父亲文王，能够成就先王的功勋，他承受天命，安抚天下，大国畏惧他的威力，小邦怀念他的德政。文王在诸侯归附的第九年逝世，大业尚未完成。我将继承他的遗志，向皇天后土、名山大川举报商纣王的罪行。我说：'你们替天行道的曾孙周王姬发，将大规模征伐商朝。当今的商王受不遵天道，暴殄天物，虐杀民众，受成为天下逃犯的魁首，商都成了罪人聚集的地方。我得到了一些仁义之士的辅助，愿意恭奉上天，以使罪人的动乱之谋断绝。中原和四夷无不遵从。恭奉上天的命令，所以我东征商王受，使天下众民安定。这些男女众民用竹筐装着黑、黄二色的丝帛，前来见我。我周朝的善德感动上天，四方因此归顺我大周。希望众位神灵都能够佑护我救助天下万民，你们神灵不要被我蒙羞！'"

"到了戊午日，我们的军队从孟津渡过黄河。癸亥日，在商都郊外布好阵势，等待天亮开战。甲子日黎明时分，商王受率领他那森然林立的军队在牧野与我军会战。但商军没有愿意和我军为敌的，前军掉转兵器，攻击后面的军队，导致受的军队败退，当时血流成河，甚至可以漂起春杵。一次用兵，彻底安定天下。于是受的暴政被废除，商先王的善政被恢复。释放被囚禁的箕子，整修比干的坟墓，礼敬商容的里巷大门，散发鹿台府库聚敛的财货，发放钜桥粮仓囤积的粮食，惠施天下，于是万民心悦诚服。"

周武王班列爵位为五等，分封土地为三品。依据贤良设立官长，依据才能安置众吏。重视对民众进行君臣、父子、夫妇、兄弟、长幼五典之教，以及民食、丧亡、祭祀之事。崇尚信用，显明理义，尊崇有德，报答有功。从此，周武王垂衣拱手，而天下大治。

故事

·武王伐纣·

甲子日黎明时，姬发来到商都郊外牧野这个地方，举行誓师典礼。

姬发虽然得到了很多诸侯国的支持，但士兵在数量上依然比不过商王受。因此他需要小心谨慎地对待这场战争，不能马虎。为了让大家作战更加顺利，他先带领大家进行了一番演习，让大家练习了徒手搏击和击刺技巧，这样在上战场的时候，士兵们就不会手足无措了。

一月壬辰日，月亮的光辉还是很暗淡的。到了第二天癸巳日早晨，姬发率领战车三百辆，虎贲三千人，穿戴甲胄的战士四万五千人，从周都镐京出发，前去征伐商朝。二月甲子日，他们抵达商都的郊外，商王受发兵七十万来抵御，就这样，著名的牧野大战爆发了。

姬发派姜尚和百夫长前去挑战，用大卒驰击商王受的军队。别看受的军队人数众多，但士兵都是临时被拉来凑数的奴隶和俘虏。他们都无心作战，甚至十分期待姬发赶快打败商王受。在周军的强大威慑下，这些临时上阵的俘虏丢盔弃甲，转而攻击受的军队，有的还为姬发做内应。姬发顺势攻击商王受的军队，受的军队很快就溃不成军了。

受见状赶紧逃跑，退入城中，登上鹿台，把他的各种昂贵服饰、奇珍异宝都穿戴在身上，自焚而死。姬发追着他来到鹿台，见受已经死掉了，只好砍下了尸体的头颅，以示自己胜利了。随后，姬发手持大旗指挥诸侯，诸侯都向他挥手致敬。

三月，姬发宣布了政令，与此同时，他手下的诸侯国战胜了很多跟商王受一伙的小诸侯国，他们纷纷带着俘虏回来了。

周武王回到周后彻夜不眠，周公来到他的住处，问："为什么不

睡？"武王说："上天建立了殷商，殷商有贤人三百六十人，却不重用他们，所以才会有今天的结果。我还没有真正得到上天的保佑，哪有工夫睡觉！"接着又说："要想真正得到上天的庇佑，我们必须依靠太室山，把作恶的人统统找出来，与商王受同样的处罚。我要恪尽职守，直到我们的德教弘扬四方。"

后来，他在雒邑（今河南洛阳）营建了周城，还把战马放归到华山之南，把战时用的牛放在有桃林的荒郊野外，把武器全都收起来，整顿军队，解除武装，向天下表示不再用兵。

洪範^①

惟十有三祀^②，王访于箕子^③。王乃言曰："呜呼！箕子，惟天阴骘下民^④，相协厥居，我不知其彝伦攸叙^⑤？"

注释

① 洪範：本篇开头有武王咨询箕子的话，可能是周史臣的记录，也可能是后人加上的。《洪範》被称作"统治大法"，是一篇对后世君王影响深远的文献。洪，大也。範，典范，法则。

② 惟十有三祀：即"十又三年"，武王伐商两年后。商代以祀纪年。惟，句首语气词。

③ 王：周武王。箕子：商王受的叔父。

④ 阴：覆。骘（zhì）：安定。

⑤ 彝：常道。伦：理。攸：所。叙：顺序。

箕子乃言曰："我闻在昔，鲧陻洪水^①，汩陈其五行^②，帝乃震怒^③，不畀洪範九畴^④，彝伦攸斁^⑤。鲧则殛死^⑥，禹乃嗣兴。天乃锡禹洪範九畴^⑦，彝伦攸叙。

注释

① 鲧：神话人物，传说为禹的父亲。陻（yīn）：同"堙"。堵塞，填塞。

② 汩（gǔ）：扰乱。五行：水、火、木、金、土。此处指五行的规律。

③ 帝：殷人对上天的称呼。

④畀（bì）：给予，赐予。畴：类。

⑤攸：因此。斁（dù）：败坏。

⑥则：既，已经。殛：诛杀。

⑦锡：同"赐"，赐予。

"初一①曰五行。次二曰敬用五事②。次三曰农用八政③。次四曰协用五纪④。次五曰建用皇极⑤。次六曰乂用三德⑥。次七曰明用稽疑⑦。次八曰念用庶征⑧。次九曰向用五福⑨，威用六极⑩。

 注释

①初：开始。

②用：以。五事：见下文，指一个人的态度、言语、观看、闻听、思考等五项。

③农：浓厚。八政：见下文，指"食""货"等八项。

④五纪：见下文所举五种纪时计算之术。

⑤皇极：君王进行统治的准则。

⑥乂（yì）：治。三德：见下文，为正直、刚克、柔克三项。

⑦稽疑：卜问疑难。

⑧念：通"验"，应验。征：征兆。

⑨向：通"飨"，给人以好处。五福：见下文，寿、富、康宁、好德、终命等五项。

⑩威：通"畏"。六极：见下文凶、短、折等六项不吉利的事。

"一，五行：一曰水，二曰火，三曰木，四曰金，五曰土。水曰润下①，火曰炎上②，木曰曲直③，金曰从革④，土爰稼穑⑤。润下作咸，炎上作苦，曲直作酸，从革作辛⑥，稼穑作甘。

注释

①水曰润下：水的特性为向下湿润。曰，叫作，称为。

②炎上：向上燃烧。

③曲直：可曲可直。

④从革：变革。

⑤爰：即"曰"，为。稼穑：种植和收获庄稼。

⑥辛：辣。

"二，五事：一曰貌①，二曰言，三曰视，四曰听，五曰思。貌曰恭，言曰从，视曰明②，听曰聪，思曰睿③。恭作肃④，从作乂⑤，明作哲，聪作谋⑥，睿作圣。

注释

①貌：容貌，态度。

②明：清醒明察。

③睿（ruì）：睿智通达。

④作：表现出。

⑤乂（yì）：治理，引申为辅助、鼓励。

⑥谋：通"敏"，处事敏锐。

"三，八政：一曰食①，二曰货②，三曰祀③，四曰司空，五曰司徒，六曰司寇，七曰宾④，八曰师⑤。

注释

①食：民食，指农业。

②货：财物，物资，指手工业、商业。

③祀：祭祀等宗教活动。

④宾：掌管诸侯朝见的官。

⑤师：即司马，掌握军事的官。

"四，五纪①：一曰岁②，二曰月③，三曰日，四曰星辰④，五曰历数⑤。

 注释

①五纪：依节气纪岁，依月象纪月，依圭影纪日，依二十八宿纪日月之会，依五行星的运行数据纪历数。纪，指天象数据及几种不同的纪时单位。

②岁：上年冬至到下年冬至为一岁。到战国时已和"年"字同用。

③月：从朔至晦为一月。据王国维《生霸死霸考》记载，商代以一月为三旬，西周则一月按月相分为初吉、既生霸、既望、既死霸四部分。

④星辰：即星。

⑤历数：历法。

"五，皇极：皇建其有极①。

 注释

①有：助词，无意义。极：准则。

"敛时五福①，用敷锡厥庶民②。惟时厥庶民于汝极③，锡汝保极④。凡厥庶民，无有淫朋⑤，人无有比德⑥，惟皇作极。凡厥庶民，有猷有为有守⑦，汝则念之⑧。不协于极，不罹于咎⑨，皇则受之。而康而色⑩，曰：'予攸好德⑪。'汝则锡之福，时人斯其惟皇之极⑫。无虐茕独⑬，而畏高明⑭。人之有能有为⑮，使羞其行⑯，而邦其昌。凡厥正人⑰，既富方谷⑱。汝弗能使有好于而家⑲，时人斯其辜⑳。于其无好德，汝虽锡之福，其作汝用咎㉑。

注释

① 敛：聚。

② 用：以。锡：同"赐"，赐予。

③ 于汝极：对于你的准则。

④ 保：保护。

⑤ 淫朋：邪党。

⑥ 人：官员。比：私相亲密。

⑦ 猷：计谋，谋划。为：才干。守：德行操守。

⑧ 念：记住。

⑨ 罹（lí）：遭受。

⑩ 而康而色：而且要和善你的脸色。前一"而"字是连词。后一"而"字同"汝"，你，你的。

⑪ 攸：助词。

⑫ 时人：此人，这些人。斯：则，乃。其：将。

⑬ 虐：欺侮。茕（qióng）独：泛指孤苦无依的人。

⑭ 高明：尊崇显要之人。

⑮ 人：指在位官员。

⑯ 羞：进献。

⑰ 正人：官员中的长官。

⑱ 方：始，才。谷：善。

⑲ 而：汝，指君王。

⑳ 时人：这些人。

㉑ 作汝：替你办事。用：以。咎：罪过。

　　"无偏无陂①，遵王之义；无有作好②，遵王之道；无有作恶，遵王之路。无偏无黨③，王道荡荡④；无党无偏，王道平平⑤；无反无侧，王道正直。会其有极⑥，归其有极⑦。曰皇极之敷言⑧，是彝是训⑨，于帝其训⑩。凡厥庶民，极之敷言，是训是行，以近天子之光。曰天子作民父母，以为天下王。

 **注释**

① 陂（bì）：行为不正。

② 好：私人利益。

③ 黨：偏私，偏袒。

④ 荡荡：广大，广远。

⑤ 平平：治理有序的样子。

⑥ 会：聚集。

⑦ 归：归依，归向。

⑧ 敷：陈也。

⑨ 彝：师法，效法。

⑩ 训：顺从。

"六，三德①：一曰正直，二曰刚克②，三曰柔克③。平康④，正直；强弗友⑤，刚克；燮友⑥，柔克。沉潜⑦刚克，高明⑧柔克。惟辟作福⑨，惟辟作威，惟辟玉食⑩；臣无有作福、作威、玉食。臣之有作福、作威、玉食⑪，其害于而家⑫，凶于而国。人用侧颇僻⑬，民用僭忒⑭。

 注释

① 三德：三种统治方法。

② 刚：刚强，强硬。克：治。

③ 柔：怀柔，温和的方式。

④ 平康：平正康宁。

⑤ 强：通"犟（jiàng）"，刚强顽固。

⑥ 燮（xiè）友：态度柔和可亲的人。

⑦ 沉潜：指沉沦在下的民众。

⑧ 高明：显要贵族。

⑨ 辟：君主。

⑩ 玉食：美食。

⑪之：如果。

⑫其：则。而：代词，你，你的。

⑬人：在位官员。用：因此。侧：偏，不正。颇：倾斜。僻：邪辟，不正。

⑭僭：超越本分，犯上作乱。忒（tè）：忒与慝同，慝，恶。

"七，稽疑①：择建立卜筮人，乃命卜筮②：曰雨，曰霁③，曰蒙④，曰驿⑤，曰克⑥，曰贞⑦，曰悔⑧，凡七。卜五⑨，占用二⑩，衍忒⑪。立时人作卜筮⑫，三人占，则从二人之言。

注释

① 稽疑：卜筮决疑。

② 乃命卜筮：占卜时将所问之事告诉龟。

③ 霁：雨止而云未散。

④ 蒙：易卦名，坎下艮上。

⑤ 驿：卜筮的一种征兆。

⑥ 克：成功与否。

⑦ 贞：内卦。

⑧ 悔：外卦。

⑨ 卜五：指用龟甲占卜的雨、霁、蒙、驿、克五项。

⑩ 占用二：用著草占筮的贞、悔两项。

⑪ 衍忒：卜筮二者都要推演研究兆卦的变异。衍，推演。忒，变化。

⑫ 时人：此人，这些人。

"汝则有大疑①，谋及乃心，谋及卿士，谋及庶人，谋及卜筮。汝则从，龟从，筮从，卿士从，庶民从，是之谓大同。身其康彊②，子孙其逢③吉。汝则从，龟从，筮从，卿士逆，庶民逆④，吉。卿士从，龟从，筮从，汝则逆，庶民逆，吉。庶民从，龟从，筮从，汝则逆，卿士逆，吉。汝则从，龟从，筮逆，卿士逆，庶民逆，作内，吉；作外，凶⑤。龟筮共违于人⑥，用静，吉；用作，凶⑦。

注释

① 则：倘若，如果。

② 其：乃。

③ 逢：盛，大。

④ 逆：反对。

⑤ 作内，吉；作外，凶：郑玄说："逆者多，以故举事于境内则吉，境外则凶。"

⑥ 龟筮共违于人：似指龟筮都"逆"，与人三方面意见都相反。

⑦ 用静，吉；用作，凶：《孔传》说："安以守常则吉，动则凶。"

"八，庶征①：曰雨，曰旸②，曰燠③，曰寒，曰风。曰时五者来备④，各以其叙，庶草蕃庑⑤。一极备⑥，凶；一极无⑦，凶。

注释

① 征：征兆。

② 旸（yáng）：日出，指晴天。

③ 燠（yù）：温暖，热。

④ 曰：语气助词，无义。时：此。

⑤ 蕃庑：草木茂盛貌。

⑥ 一极备：其中一项过多。

⑦ 一极无：其中一项太欠缺。

"曰休征①：曰肃②，时雨若③；曰乂，时旸若；曰晢，时燠若；曰谋，时寒若；曰圣，时风若。

注释

① 休：美好。

②肃：敬，指君王态度严肃、恭敬。下"乂""晢""谋""圣"皆同。

③时：适时，按时。

"曰咎征：曰狂①，恒雨若②；曰僭③，恒旸若；曰豫④，恒燠若；曰急⑤，恒寒若；曰蒙⑥，恒风若。

 注释

① 狂：狂妄。

② 恒：长久。

③ 僭：差错。

④ 豫：安逸，安乐。

⑤ 急：急躁莽撞。

⑥ 蒙：昏暗不明。一作"霿"。

"曰王省惟岁①，卿士惟月②，师尹惟日③。岁、月、日时无易④，百谷用成⑤，乂用明⑥，俊民用章⑦，家用平康。日、月、岁时既易，百谷用不成，乂用昏不明，俊民用微⑧，家用不宁。

 注释

① 省：察。

② 卿士：周王朝掌管国政的最高级的官员。

③ 师尹：师氏、尹氏的连称，泛指周王朝高级文武百官。

④ 无：毋，不要。

⑤ 用：以。

⑥ 乂（yì）：治。

⑦ 俊民：才能特别高的人。章：显用，指提拔任用。

⑧ 微：沉沦卑贱。

"庶民惟星^①，星有好风^②，星有好雨。日月之行，则有冬有夏。月之从星，则以风雨^③。

注释

①庶民惟星：把民众比作众星。

②星有好（hào）风：星星有爱好风的，意思是星星能影响造成风。下"好雨"同。

③月之从星，则以风雨：古人传说月亮运行经过爱好风雨的星就会引起风雨。这里是比喻，强调君王要加强统治，不能迁就民欲。

"九，五福^①：一曰寿，二曰富，三曰康宁^②，四曰攸好德^③，五曰考终命^④。六极^⑤：一曰凶、短、折^⑥，二曰疾，三曰忧，四曰贫，五曰恶，六曰弱^⑦。"

注释

①福：古称富贵寿考等为福。

②康宁：健康安宁。

③攸：助词。

④考终命：终天年。考，老。

⑤极：这里指惩罚、恶事。

⑥凶、短、折：均指早死。郑玄说："未龀（换牙）曰凶，未冠（成年）曰短，未婚曰折。"

⑦弱：衰弱。

译文

周武王十三年，他去访问了箕子。周武王说道："哎呀！箕子，上天荫庇保护着百姓，使大家和谐居住，我不知道治理天下的常理所规定的秩序。"

箕子说："我听说过去鲧用堵塞的办法治理洪水，结果扰乱了五行的规律，上天大怒，就不把'大法九章'传授给他，于是，治理天下的常理遭到败坏。鲧在流放中死去，禹继起振兴大业。上天就把'大法九章'传授给了禹。治理国家的常理就定了下来。

"第一是五行。第二是谨慎于君王自身的五事。第三是努力办好八项政务。第四是协调五种纪时之术。第五是建立君王的统治准则。第六是运用三种统治方式进行治理。第七是处理疑难问题时明确运用卜筮。第八是君主行为的好坏用各种征兆来验证。第九是用五种幸福的事赐福善人，用六种极坏的事惩罚罪人。

"第一範，五行：一是水，二是火，三是木，四是金，五是土。水向下湿润，火向上燃烧，木可曲可直，金熔化后可以按照人的要求变化形状，土可以种植和收获庄稼。向下湿润致卤就使味道咸，向上燃烧致焦就使味道苦，可曲可直的木材能产生酸味，熔化后可按照人的要求变化形状的金味道辛辣，生长庄稼的土地味道甜美。

"第二範，君王自身的五事：一是态度，二是言论，三是观察，四是听闻，五是思考。态度要恭敬，言论要合乎道理，观察事物要清楚明晰，听取别人的意见要聪敏，思考问题要睿智通达。态度恭敬就能表现出严肃端庄的样子，言论合乎道理就能得到广泛辅佐，看问题清晰明了就有智者风范，听取意见聪颖就能善于谋断，思考问题通达就能达到圣明的境地。

"第三範，八项政务：一是农业生产，二是手工生产和商业贸易，三是宗教祭祀，四是内务民政，五是管理教育，六是管理司法，七是礼宾外交，八是管理军务。

"第四範，五种纪时方法：一是年，二是月，三是日，四是星辰，五是历法。

"第五範，君王的统治准则：君王要建立至高无上的统治准则。

"要聚合五种幸福，赐予百姓。这样的话百姓就会帮助你巩固你的准则。所有庶民都不得结成朋党，一切官员不得结成死党，只应遵循君王所建的准则。庶民中有善于谋划、有才干、有操守的，要注意记住他们。那些行为不合准则，但尚未陷入犯罪的人，就先宽容他们。而且应该和颜悦色地说：'我要注意修养好品德。'你要赏赐给他好处，这些人就会完全遵守君王的准则。不要虐待那些无依无靠的平民，畏惧显贵官员。那些有能力、有作为的官吏，要晋升他们，这样可使国家昌盛。面对那些高级长官，须先给他们以优厚的俸禄。如果你不能使人们为王室做出贡献，那就是这些官员们的罪过。对于没有德行的人，你虽然给他们赐福，但他们仍会以恶行来回报你。

"不要行为不端正，应当遵循君王的法度啊！不能只顾私人利益，应当遵循君王正道而前进啊！不要为非作恶，要遵循君王的正路行走啊！没有偏私，君王的道路将无比宽广！没有偏私，国家治理得井然有序！不要偏斜，君王的道路中正平直！大家会集到君王的统治之下来啊！大家都会按照君王的准则行事啊！陈述君王至高无上的准则，要以至言为师法，为教训，才算顺从了上天的意旨！这也都是庶民们所要遵守的至言，应该顺从它，奉行它，以亲附于天子，承受他圣德的光彩！这样天子才是百姓的父母，是全天下的君王！

"第六范，三种统治方式：一是用正直的方式进行统治，二是以刚取胜，三是以柔取胜。对平正康宁的人，要采用正直的方式；对刚强顽固的人，要用强硬的方式；对和顺可亲近的人，要用温和的方式。对待百姓，要以强硬的方式统治；对显要贵族，要以温和的方式拉拢。只有君王才有权赐予百姓幸福，只有君王才有权实行惩罚，也只有君王才可以享受最好的美食；臣下没有权利赏赐幸福，实行惩罚，享受美食。倘若臣下擅自给人以幸福、予人以刑罚、享受美食，就会危害你的王室，祸乱你的国家。百官会因此走上邪路，老百姓也会犯上作恶。

"第七範，占卜决疑的方法：选择善于卜筮的人，用龟甲占卜、蓍草筮卦，展示出雨、霁、蒙、驿、克等天气状貌，事件成功与否，以及内卦、外卦的丰富变化，一共七项。其中五项用龟甲卜卦，两项用蓍草占卦，都要推演研究其兆卦的变异。用这些人进行卜筮时，三个人占卜，要信从其中两个人的结果。

"倘若你遇到重大疑难的事，首先要自己多加考虑，然后和大臣商量，再和庶民商量，最后再看卜筮的结果。如果你自己赞同，龟卜赞同，蓍卦赞同，大臣赞同，庶民也赞同，这就叫作'大同'。这样，你的身体就会强健，子孙后代也会昌盛，这是大吉。如果你自己赞同，龟卜赞同，蓍卦也赞同了，可是大臣们不赞同，庶民们也不赞同，这也算吉利。如果大臣们赞同，龟卜赞同，蓍卦赞同，你自己却不赞同，庶民们也不赞同，这还算吉利。如果庶民们赞同，龟卜赞同，蓍卦赞同，你自己却不赞同，大臣们也不赞同，这仍算是吉利。如果你赞同，龟卜也赞同，蓍筮却不赞同，大臣们也不赞同，庶民也不赞同，这种情形下，用于国内之事，仍算吉利，对外则有凶灾。如果龟卜和蓍筮都不合人意，那就要安静下来，不应有其他的举动，才能得到吉利的结果；有所妄动，就会招来凶祸。

"第八範，各种征兆：雨、晴、暖、寒、风。要是五种现象都具备，各按其规律发生，那么各种草木就会茂盛地生长。如果其中某一项过多，就不利；某一项欠缺，也不利。

"美好行为的征兆：君王办事恭谨，雨水按时降下来；君王政治清明，太阳按时普照大地；君王处理事情明智，气候适时温暖；君王深谋远虑，天气适时转寒；君王明识通达，和风定时而至。

"恶劣行为的征兆：君王行为狂肆狂妄，大雨就会下个不停；君王行为动辄有差错，天气就会干旱不雨；君王贪图安逸，天气就会经常

炎热；君王办事急躁莽撞，天气就会经常寒冷；君王处事昏暗不明，就会经常大风不止。

"君王、卿士、师尹递相统率，就像岁、月、日递相隶属，纲举目张。岁、月、日自然有序而不错乱，庄稼才会获得丰收，政治就会清明，贤才也会被任用，国家才能平安宁静。如果日、月、岁时间颠倒错乱，庄稼不会有收成，政治也会昏暗，贤才得不到任用，国家当然就会混乱。

"老百姓好比星星，有的星喜欢风，有的星喜欢雨。日、月按一定规律运行，就会产生冬天和夏天。如果月亮一直不落，完全顺从民欲，就会政教失常。

"第九範，五种幸福：一是长寿，二是富贵，三是健康安宁，四是敬修美德做好事，五是老而得善终。六种惩罚：一是早死，二是疾病，三是忧虑，四是贫穷，五是邪恶，六是衰弱。

故事

——·箕子的故事·——

箕子是商纣王的叔父，商纣王在位期间，他担任父师，辅佐商纣王。不过他跟商纣王可不是一类人，他为人正直，热爱国家和百姓，和微子、比干并称"殷末三贤"。

商纣王刚即位时，箕子发现他吃饭要用象牙做的筷子，还要搭配美玉做的餐具。因此，他断言：纣王用这样名贵的餐具吃饭的时候，必然还会想吃来自全国各地的珍馐佳肴，甚至还想得到更名贵的宝物，这样下去，这个国家就会灭亡的。果然，商纣王越来越放纵，做了很多坏事。箕子苦口婆心地劝诫商纣王，试图阻止他的荒淫行径，可是商纣王一点也听不进去。

有人劝箕子离开商纣王，可是箕子认为，他作为臣子，有责任帮助大王治理好国家，不可以随便离开。可是眼看着商纣王我行我素，商朝六百年的江山马上就要断送在商纣王这个败家子手里了，箕子心如刀割，感到这个国家没有希望了。于是他干脆剃掉自己的头发，装成疯子，不再过问政事。商纣王见他变成这个样子，就把他当奴隶给关了起来。

商纣王死后，箕子在一个叫箕山的地方隐居了几年。在这些日子里，他总是用黑白两色的石子来占卜，参悟天地万象中蕴含的道理。周武王建立周朝之后，四处寻找贤能之士，求贤若渴的周武王知道箕子并没有疯，就去拜访他，并跟他进行了一次长谈。箕子告诉他很多治国之道，将《洪範九筹》讲给他听。周武王听完箕子的讲解，更加敬佩他了，请他出山协助治理国家。可是，箕子早就对微子说过，商朝灭亡后，他决不会在新王朝做官。因此，他并没有答应周武王的请求。

因为害怕周武王再次来请他出山，武王走后，箕子赶紧打点行装，逃到胶州湾，又乘船准备渡海，同行的还有殷商贵族景如松、琴应等五千余人。在航行的途中，他们看到一座风景优美的小岛，就决定在那里定居，还给小岛取名为朝鲜。在那里，箕子带领岛上的原住民建造房屋，种植作物，还把故国的文化和他在箕山时用的黑白石子棋——围棋传播了出去。箕子王朝延续了 41 代，将近 1000 年，朝鲜族祖先中的鲜于氏就是箕子的后代。

后来，周武王果然又去箕山找箕子，却发现他已经离开了。得知他逃到了东边的朝鲜，周武王也没有生气，还派人前去把箕子封为朝鲜国的君主，并且把他当作真正的邻国国君看待，这时箕子已经 52 岁了。后来，在周武王的邀请下，箕子回到故土来探亲，路过殷商故都时，他看到昔日繁华的都城如今种满了庄稼，变成农田，不由得泪流满面。

箕子始终心系自己的国家和土地，并且把这份爱国之情付诸行动，为了治理好国家，他做了很多努力。无论在我国的史书上，还是在朝鲜的史书上，都记载着他的丰功伟绩。

旅獒^①

惟克商^②，遂通道于九夷八蛮^③。西旅厎贡厥獒^④。太保乃作《旅獒》^⑤，用训于王。

注释

①旅獒（áo）：旅是西部的方国。獒是一种大犬。旅与周进行交流，献上了特产大犬。太保召公奭认为不可以接受，劝勉武王不能玩物丧志，要奋发于德政，于是作了这篇训政之文。《旅獒》属梅赜《古文尚书》。

②克商：周武王灭商。

③九夷八蛮：泛指周王朝周边的少数民族。九夷，泛指东方的少数民族，即东夷。八蛮，泛指南方的少数民族，即南蛮。

④西旅：西方的方国，西戎的一支。厎（zhǐ）：致。獒：《尔雅·释畜》云："犬高四尺曰獒。"

⑤太保：即召公奭。

曰："呜呼！明王慎德，四夷咸宾^①。无有远迩^②，毕献方物^③，惟服食器用^④。王乃昭德之致于异姓之邦^⑤，无替厥服^⑥；分宝玉于伯叔之国^⑦，时庸展亲^⑧。人不易物^⑨，惟德其物！

注释

①宾：宾服，归顺。

②迩：近。

③毕：全，都。方物：地方特产。

④惟：只。

⑤异姓之邦：周天子分封的异姓诸侯。

⑥替：废弃。服：职事，职务。

⑦伯叔之国：与周天子同姓的诸侯国。

⑧庸：用。展亲：展示亲情。

⑨易：轻视。

"德盛不狎侮^①。狎侮君子^②，罔以尽人心；狎侮小人^③，罔以尽其力。不役耳目^④，百度惟贞^⑤。玩人丧德，玩物丧志。志以道宁^⑥，言以道接^⑦。不作无益害有益，功乃成；不贵异物贱用物^⑧，民乃足。犬马非其土性不畜^⑨，珍禽奇兽，不育于国^⑩。不宝远物，则远人格^⑪；所宝惟贤，则迩人安。

 注释

①狎（xiá）侮：轻视，怠慢。

②君子：大臣等贵族统治者。

③小人：下层民众。

④役：役使，奴役，这里指迷惑。

⑤百度：百事，指各种政务。贞：正。

⑥宁：安。

⑦接：酬应。

⑧异物：《孔传》说："奇巧为异物。"异：奇特，与众不同。

⑨土性：土生土长。畜：畜养。

⑩不育于国：《孔传》说："皆非所用，有损害故。"

⑪宝：珍视，珍爱，以为宝。

"呜呼！夙夜罔或不勤^①。不矜细行^②，终累大德^③。为山九仞^④，功亏一篑^⑤。允迪兹^⑥，生民保厥居^⑦，惟乃世王^⑧。"

注释

① 或：有。

② 不矜（jīn）细行：犹今天所说"不拘小节"。矜：崇尚，注重。细行：小节，生活小事。

③ 累：损害。

④ 仞：古代八尺为一仞。

⑤ 篑（kuì）：盛土的竹筐。

⑥ 允：信。迪：施行。兹：此，这些。

⑦ 生民：民众。保：安。

⑧ 乃：你，指武王。世王（wàng）：世代为天子。

译文

周武王灭商以后，便开辟了通往周边少数民族的道路。西方的旅国把大犬进贡给周武王。于是太保召公奭作《旅獒》，用来劝谏周武王。

召公说："啊！圣明的君王要谨慎自己的德行，四方的少数民族才会都来归顺。不论远近，都会献上当地的特产，贡品只是衣食器用一类的东西。天子又把贡物分赐给异姓诸侯们，以昭示圣德，使他们不废弃各自的职事；分赐宝玉给同姓诸侯，以此来昭示亲情。人们不轻视贡物，而是慎重地看待那些物品。

"君王德行隆盛就不会轻慢他人。轻慢侮辱官员，就不能使他们全心全意；轻慢侮辱民众，就不能使他们竭尽全力。不沉湎于声色之欢，万事才会顺利。戏弄他人就会失掉做人的道德，玩弄无益之器易于丧失意志。志向合乎道义才能安定，言论合乎道义才能被人接受。不做无益之事，不去妨碍有益之事，事业才会成功；不珍视奇巧的东西，不轻贱实用的东西，民众才能丰衣足食。犬马等牲畜不是土生土长的就不要畜养，珍禽异兽更不要养在国内。不珍视远方的贡物，远方的人就会来归附；重视贤才，身边的人才能安定。

"啊！从早到晚不可有片刻不勤勉。不拘小节，终会损害大德。如同堆积九仞高的山，就差最后一竹筐土，也不能说就大功告成了。真的做到了这些，民众就会安居，您也可以世代为王了。"

金縢①

　　既克商二年②，王有疾③，弗豫④。二公曰⑤："我其为王穆卜⑥？"周公曰⑦："未可以戚我先王⑧。"

注释

　　①金縢（téng）：指以金属带函封柜匣，用于藏放王室机密文件。本篇叙述了武王灭商两年后，生了重病，周公旦祈求先王在天之灵让自己代替武王去死，并将祝册放在"金縢之匮"中，很快武王病就好了。武王死后，成王年纪还小，就由周公摄政。后来，管叔、蔡叔放出谣言诽谤周公，周公为了表示清白，避居东方。后来，老天降下警告，成王打开金匮，了解了事情始末，很是感动和惭愧，就把周公迎回来了。

　　②既克商二年：武王克商在文王受命十一年。是年应为文王受命十三年。

　　③王：周武王。

　　④豫：安乐。

　　⑤二公：太公望和召公奭。

　　⑥其：将。穆卜：占卜，"穆"字表敬重。

　　⑦周公：周武王弟，名旦。

　　⑧戚：亲近，一说为忧。

　　公乃自以为功①，为三坛②同墠③。为坛于南方，北面，周公立焉，植璧秉珪④，乃告太王、王季、文王⑤。史乃册祝曰⑥：

注释

① 公：周公。功：人质。

② 坛：土石筑的高台。用于朝会、盟誓和祭祀等。

③ 墠（shàn）：祭祀用的场地。

④ 植：同"置"，放。璧：美玉。秉：拿着。珪：上圆下方的美玉。

⑤ 太王：武王的曾祖，名古公亶父，是周王朝开创人之一。王季：武王的祖父，名季历。文王：武王父姬昌。

⑥ 史：史官中担任"作册"的史官，或称"内史"。册：简书。祝：读简书告神灵。

"惟尔元孙某，遘厉虐疾①。若尔三王，是有丕子之责于天②，以旦代某之身。予仁若考③，能多材多艺④，能事鬼神⑤。乃元孙不若旦多材多艺，不能事鬼神。

注释

① 元孙：长孙。某：指武王姬发。遘（gòu）：遇，遭遇。厉：恶。

② 丕子之责：《钦定书经传说汇纂》引晁以道说："犹史传中'责其侍子'之'责'。盖云上帝责三王之侍子。侍子，指武王也。上天责其来服侍左右，故周公乞代其死。"丕子，大儿子。

③ 仁若：柔顺。考：通"巧"，乖巧。

④ 能：通"而"。

⑤ 事：侍奉，服侍。

"乃命于帝庭①，敷佑四方②，用能定尔子孙于下地③，四方之民罔不祗畏④。呜呼！无坠天之降宝命，我先王亦永有依归⑤！

注释

①乃命于帝庭：你们在帝庭里承受的天命。

②敷佑：即"抚有"，同音假借。

③用：因此。

④祗：敬。

⑤依归：指宗庙。

"今我即命于元龟①。尔之许我，我其以璧与珪②，归俟尔命；尔不许我，我乃屏璧与珪③。"

注释

①元龟：大龟。

②其：则。

③屏（bǐng）：藏。

乃卜三龟①，一习吉②。启籥见书③，乃并是吉④。公曰："体⑤！王其罔害⑥。予小子新命于三王⑦，惟永终是图⑧。兹攸俟⑨，能念予一人。"

注释

①乃卜三龟：在三王灵前各摆一只龟，进行占卜。

②习：重复。

③籥（yuè）：藏卜兆书管。

④并是吉：指武王和周公都呈现吉兆。

⑤体：幸。

⑥其：副词。表示揣测语气。

⑦新命：新受命。

⑧图：谋划。

⑨兹：此。攸：助词，宾语前置时用之。侯：等。

公归，乃纳册于金縢之匮中①。王翼日乃瘳②。

注释

①縢：封缄用的丝。匮：匣。

②翼日：明日，第二天。翼，通"翌"。瘳（chōu）：病愈。

武王既丧①，管叔及其群弟乃流言于国，曰②："公将不利于孺子③。"

注释

①既丧：死后。

②管叔：名鲜，周文王之子，武王之弟，周公之兄。流言：造谣。

③孺子：小儿。这里指武王之子成王。

周公乃告二公曰："我之弗辟，我无以告我先王。"周公居东二年①，则罪人斯得②。于后③，公乃为诗以贻王④，名之曰《鸱鸮》⑤，王亦未敢诮公⑥。

注释

①居东：居国之东，这里指周公东征。

②罪人：造谣的人。斯：助词。

③于后：其后。

④贻：给。

⑤鸱（chī）鸮（xiāo）：一种小鸟。《毛诗正义》说："《鸱鸮》，周公救乱也。成王未知周公之志，公乃为诗以遗王，名之曰《鸱鸮》焉。

⑥诮（qiào）：责备。

秋①，大熟②，未获③，天大雷电以风④，禾尽偃⑤，大木斯拔⑥。邦人大恐，王与大夫尽弁⑦，以启金縢之书，乃得周公所自以为功代武王之说⑧。

 注释

①秋：居东二年之秋。

②熟：成熟。

③未获：尚未收割。

④以：与。

⑤偃（yǎn）：倒下。

⑥斯：尽。

⑦弁（biàn）：戴弁。弁是古代男子穿礼服时所戴的一种冠。

⑧说：祝册中周公祷告的祝词。

二公及王乃问诸史与百执事①。对曰："信②。噫③！公命我勿敢言。"王执书以泣，曰："其勿穆卜。昔公勤劳王家，惟予冲人弗及知④。今天动威，以彰周公之德。惟朕小子其新逆⑤，我国家礼亦宜之。"

 注释

①百执事：掌管卜筮册祝及典藏金縢之匮的各执事官员。

②信：确有此事。

③噫：叹词。

④予冲人：即"予小子"，君王自称。冲，古代帝王自称的谦辞。

⑤新：通"亲"。逆：迎。

王出郊①，天乃雨，反风②，禾则尽起。二公命邦人，凡大木所偃，尽起而筑之^③，岁则大熟。

注释

① 郊：国都郊外。

② 反风：风转向倒吹。反，同"返"。

③ 筑：拾取。

译文

灭掉商的第二年，武王生了病，心中不乐。太公和召公说："我们恭敬地为武王占卜好吗？"周公道："不可以烦扰我们的先王。"

于是周公以自己的身体做抵押，在一个场上筑了三座祭坛。祭坛建在南方，朝着北方，周公站在上面，陈设好了璧，向太王、王季、文王祷告。史官拿着册子阅读祝文道：

"你们的长孙武王姬发，得了很严重的病。如果你们三王在天之灵需要召他去服侍你们，那就请让我姬旦来代替他吧。我很孝顺，又很乖巧，而且多才多艺，能够很好地侍奉鬼神。你们的长孙并不像我这般多才多艺，不能够服侍鬼神。

"你们在上帝那里承受了大命，拥有天下四方，因此能够在人间安定你们的子孙，四方民众无不既尊敬又害怕。唉！只要保有上天的大命，先王的神灵也就可以永远安享于宗庙。

"现在我根据龟卜来接受你们的命令了。如果答应我，我就把璧和珪献给你们，回去等候你们的命令；如果不答应我，我就要把璧和珪藏起来，不再请求了。"

于是他在太王、王季、文王的灵前各摆了一只龟，进行占卜，全部得到吉兆。打开藏有卜兆的书匣，把卜兆的话翻出来一看，王和周公一并得到了吉兆。周公说："真幸运！君王应该不会有什么危险了。我新受

三王的命令，也可以永久替国家谋划。现在我就等着这个吧！三王一定是记挂、关心我的。"周公回去，把这篇祝文安放在以金丝线缠系的匣子里，第二天武王的病就好了。

武王死后，管叔和他几个弟弟在国内造谣说："周公对成王要不怀好意了。"周公就对二公说："如果现在我不惩办管叔等叛乱者，我没法向先王交代。"东征平叛二年，最终抓获了那几个造谣的人。后来，周公写了一首诗送给成王，题目叫《鸱鸮》，成王也没有责备他。

那一年秋天，庄稼长得很好，还没有收割，忽然雷电交加，又刮起了大风，刮倒了许多禾黍，很大的树木都被连根拔起。国内的民众大为惊慌，王和卿大夫们都穿戴朝服准备占卜，打开贮放占卜祝册的金线封固的匣子，于是看到了周公把自己做抵押替代武王死的祝词。

二公和成王就这件事询问祝史和各执事之官。他们回答说："确有此事。唉！但这是周公的命令，我们一直没敢说。"成王手里拿着祝册，流着泪说："不要恭敬地占卜了。以前周公替王室出了那么多力，我这个年幼的人全都不知道。现在上天发威，就是来彰显周公的德行。我应当亲自去迎接周公，这在国家礼制上也是适宜的。"

成王出了郊，天下起了雨，风也向反方向刮去，禾黍都竖起来了。二公吩咐国内民众扶起那些被大树压着的禾黍，这一年仍然获得了好收成。

—·金匣子·—

灭商的第二年，周武王生了很重的病，大臣们都很担心他。

有的大臣提议祭祀，向上天和祖先祷告，于是有一位叫周公的大臣把自己当人质，在祭祀时念祷告词，希望祖先们把他带走，不要让周武王死去。周公回去后，把祝文放在封图的金匣子里。第二天周武王的病就好了。

周武王弥留之际，决定选一位有能力的大臣来帮助儿子治理国事。一番思量之后，他选择了周公。周公感到自己身上的责任十分重大，于是他向周武王保证：他会尽心竭力地教导周成王，好好治理国家，等周成王长大后就把王位归还给他。

周武王去世后，周公果然十分用心地打理朝政，国家就像周武王在世时一样繁荣安定。他每天都呕心沥血地教导年幼的周成王，就连上朝时都要抱着他一起去。

可是周公毕竟只是一个代为摄政的大臣，周成王年纪又太小，总有许多坏人想要趁这个时候抢夺王位。等到周成王长成为一位少年，已经明白一些事情了的时候，周公的哥哥管叔、蔡叔、霍叔开始行动了。他们四处散播流言，说周公看周成王年幼，想要篡夺周成王的王位，还说周公这么多年来一直尽心治理国家，其实就是为了篡位。

这样的传言到处都是，就连整日与周公朝夕相处的周成王也起了疑心，怀疑周公居心叵测。为了打破这些谣言，周公只好主动辞位，躲避到别的地方去了。可这个时候周成王年纪还小，周公又不在，对管叔、蔡叔、霍叔这三个人来说，这可是篡位的大好机会。他们联合起来发动

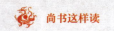

了叛乱，史称"三监之乱"。

也许是老天都不忍心看到周公被陷害，不忍心看到周王朝成为小人们的天下。很快，周公就平定了三监之乱。在一个风雨交加的夜晚，周成王独自一人在朝堂上，他此刻还在怀疑周公的忠心，同时也不知道怎么应对当下的叛乱。突然，雷电交加，狂风突起，许多禾黍都被刮倒了，大树被连根拔起。百姓们很恐慌。成王去占卜，发现盒子里有一个册子，上面写着周公愿意代替武王去死的祝文。此时的周成王百感交集，内心又是惊喜又是愧疚。

第二天，周成王立刻动身，亲自去把周公接了回来。周公见到周成王时很惊讶，于是周成王把金匣子的事一五一十地告诉了周公。周公感叹：这真是上天的旨意啊！回朝之后，周公继续辅佐年少的周成王，帮助他治理国事，等到周成王成年后，他就按照承诺，把王位交还给了周成王。

大诰^①

王若曰^②："猷大诰尔多邦，越尔御事^③。弗吊！天降割于我家^④，不少延^⑤！洪惟我幼冲人，嗣无疆大历服^⑥，弗造哲^⑦，迪民康^⑧，矧曰其有能格知天命^⑨？

注释

①大诰：广泛告谕之意。《大诰》讲述武王死后，成王年纪小，周公摄政。管叔、蔡叔嫉恨周公，勾结殷王武庚发动了一场叛乱。周公为了动员周人出兵征伐，以成王的名义发表了诰词，反复强调平乱、东征的意义，希望各诸侯国同心同德，顺应天命。最终周公完成了动员，平了叛乱，巩固了周王朝的统治。史臣将周公这次动员讲话记录了下来，成为本篇。

②王若曰：王这样说。此时周公借成王的名义说话，此"王"实指周公。

③猷（yóu）大诰：即"诰"，指天子对臣下的训导。越：连词。与，及。御事：朝廷百官。猷：通"繇"。介词，於。

④天降割于我家：即"不淑天"，不善的天，降灾害的天。割：害。我家：周王室。

⑤少：稍微。延：延缓。

⑥洪惟：发语词。幼冲人：指年纪尚轻的成王。大历服：即"大历"与"大服"，长久的年代和伟大的禄命。

⑦造：遭。哲：明智。

⑧迪：引导。

⑨矧（shěn）：何况。有：又。格：推究。

"已^①！予惟小子，若涉渊水^②，予惟往求朕攸济^③。敷贲^④，敷前人受命^⑤，兹不忘大功^⑥！予不敢于闭^⑦。

 注释

① 已：唉，发端叹词。

② 予惟小子：即"予小子"，周公代成王自称。渊：深。

③ 攸：放在动词前面，组成名词性词组，相当于"所"。济：渡过。

④ 敷：陈列，开展。贲：殷周时占卜用的大龟名。

⑤ 前人：前代君王。

⑥ 兹：此。忘：同"亡"，失去。

⑦ 闭：壅塞。

"天降威，用宁文王遗我大宝龟，绍天明^①，即命曰^②：'有大艰于西土，西土人亦不静^③。'越兹蠢，殷小腆^④，诞敢纪其叙^⑤。天降威，知我国有疵^⑥，民不康，曰：'予复^⑦！'反鄙我周邦^⑧。今蠢，今翼日^⑨，民献有十夫予翼^⑩，以于敉宁、武图功^⑪。我有大事^⑫，休^⑬？"朕卜并吉^⑭！

 **注释**

① 绍：卜问。明：通"命"。

② 命曰：占卜前要将所占之事向鬼神提出，称为"命龟"，即此。

③ 西土人：指周朝派往东土的管叔、蔡叔等一班监视武庚的人。

④ 越：同"惟"，语气助词。蠢：动作，动乱。小腆：小主，指武庚。腆，通"典"，主管，主持。

⑤ 诞：发语词，无义。纪：整理。叙：通"绪"，旧的法纪传统。

⑥ 疵：毛病，这里指周室内部的不团结。

⑦ 予复：恢复旧邦。此引武庚之言。

⑧ 鄙：轻视，看不起。

⑨今蠢，今翼：(武庚他们)像害虫蠢动、恶鸟飞扑一样。蠢，虫子蠕动的样子。翼，鸟的翅膀。

⑩民献：臣服于征服者而仍统治本族的贵族。十夫：一群人。予翼：倒文，即"翼予"，辅佐我。

⑪于：往。救：安抚，平定。图：大。

⑫大事：这里指战事。

⑬休：美，善。

⑭卜并吉：殷周进行占卜时，用三个卜人进行占卜，就是说三个龟壳都显示了吉兆。

"肆予告我有邦君，越尹氏、庶士、御事，曰①：予得吉卜，予以惟以尔庶邦②，于伐殷逋播臣③。

注释

①肆：因此。尹氏：周王朝的史官，职掌书写王命。

②以：率领。庶邦：许多属邦。

③于伐：去征伐。逋(bū)播：叛乱，逃亡。

"尔庶邦君、越庶士、御事，罔不反①，曰：'艰大②，民不静。亦惟在王宫、邦君室③，越予小子考翼④，不可征。王害不违卜⑤？'

注释

①反：同"返"，复命，回答上级。

②艰：困难。

③王宫：管叔、蔡叔是周朝亲族。邦君室：管叔、蔡叔是分封土地的诸侯。

④越：发语词，无义。考翼：当作"孝友"，指父兄。

⑤害：通"曷"，何。

"肆予冲人永思艰，曰：呜呼！允蠢鳏寡^①，哀哉！予造天役^②，遗大投艰于朕身^③。越予冲人，不卬自恤^④，义尔邦君，越尔多士、尹氏、御事，绥予曰^⑤：'无毖于恤^⑥，不可不成乃宁考图功^⑦。'

 注释

① 允：实在。蠢：扰乱。

② 造：遭。役：役使。

③ 遗：通"惟"。大：语气助词，无义。

④ 卬（áng）：我。恤（xù）：忧虑。

⑤ 义：宜，应当。绥：告诉。

⑥ 无：发语词，无义。毖（bì）：劳苦。

⑦ 宁考：即"文考"，指周文王。

"已！予惟小子，不敢替上帝命^①。天休于宁王^②，兴我小邦周。宁王惟卜，用^③克绥受兹命^④。今天其相民^⑤，矧亦惟卜用^⑥。呜呼！天明畏^⑦，弼我丕丕基^⑧！"

 注释

① 替：废弃。

② 休：嘉惠，庇护。

③ 用：用占卜。

④ 绥：继承。

⑤ 相：辅助，帮助。

⑥ 矧：又，亦。

⑦ 天明畏：即"畏天命"。

⑧ 丕：大。

王曰："尔惟旧人^①，尔丕克远省^②，尔知宁王若勤哉^③？天閟毖我成功所④，予不敢不极卒宁王图事⑤。肆予大化诱我友邦君⑥：天棐忱辞⑦，其考我民⑧，予曷其不于前宁人图功攸终⑨！天亦惟用勤毖我民⑩，若有疾⑪，予曷敢不于前宁人攸受休毕⑫！"

注释

① 惟：乃，是。旧人：指曾经辅佐过文王的人。

② 远省：当作"遹省"，遵循。

③ 若：如此。

④ 闷（bì）毖（bì）：谨慎诰教。所：所在，所由。

⑤ 极卒：赶快完成。极，通"亟"。急。

⑥ 化诱：教导。

⑦ 棐（fěi）忱（chén）：不信。棐，通"匪"，非，不。忱，通"谌"，相信。辞：当依唐石经作"辝"，同"台（yí）"，我。

⑧ 考：成全，安定。

⑨ 其：语气助词，无义。

⑩ 勤：劳，征伐之役。

⑪ 有：为，治疗。

⑫ 攸受休：所受上天的庇佑。毕：祛除（疾病）。

王曰："若昔朕其逝①，朕言艰日思②。若考作室③，既厎法④，厥子乃弗肯堂⑤，矧肯构⑥？厥父菑⑦，厥子乃弗肯播，矧肯获？厥考翼其肯曰⑧：'予有后，弗弃基。'肆予曷敢不越卬敉宁王大命⑨！

注释

① 若：如。昔：前面。其：之。逝：通"誓"，发誓。

② 言：犹于。

③ 考：父。

④ 厎：定。法：指造房屋的构图尺寸规定。

⑤ 乃：尚且。堂：这里用作动词，指堆土以奠定房基。

⑥ 矧：何况。构：建造房屋。

⑦ 菑（zī）：开荒，开垦。

⑧ 翼：通"繄"，语气助词，无义。其：哪里会。

⑨ 越卬：于我，即趁我这一生。

若兄考①，乃有友伐厥子②，民养其观弗救③？

 注释

① 考：终。

② 友：群。伐：侵伐，欺侮。

③ 民养：指奴隶，仆人，这里可理解为周室官员。观：观望。

王曰："呜呼！肆哉，尔庶邦君①越尔御事。爽邦由哲②，亦惟十人，迪知上帝命。越天棐忱③，尔时罔敢易法④。矧今天降戾于周邦⑤，惟大艰人，诞邻胥伐于厥室⑥。尔亦不知天命不易⑦！

 注释

① 肆：尽力，无拘束。

② 爽：明亮，意指国家政治清明。由哲：亦作"迪哲"，昌明顺利，指文王、武王之时。

③ 十人：指一批大臣，十是虚数。迪知：用知。越：及。棐：匪。忱：信。

④ 易法：废弃。

⑤ 戾：定，上天的命令。

⑥ 大艰人：指武庚、管叔、蔡叔等叛徒。胥：表示方式，相当于"相互"。厥室：叛周者的家室。

⑦ 不易：不变。

"予永念曰：天惟丧殷。若穑夫①，予曷敢不终朕亩？天亦惟休于前宁人，予曷其极卜②，敢弗于从？率宁人有旨疆土③？矧今卜并吉，肆朕诞以尔东征。天命不僭④，卜陈惟若兹⑤。

注释

① 穑夫：农夫。穑，耕稼。
② 极：通"亟"，赶快。
③ 从：遵守。率：语气助词，无义。宁人：即文王。旨：美好。
④ 僭：不信。
⑤ 陈：陈列。若兹：像这样。

译文

王这样说："啊！现在我告诉你们各位邦君和朝廷百官们。不幸啊！老天爷正给我们国家降下灾难，近来一直没有推延。年轻幼稚的我继承了这千秋大业，但偏偏很不顺利。还不能引导百姓过上安乐的生活，我怎么可以说自己已经能推究认识了天命呢？唉！我的处境好像准备渡过大河一样，必须寻求可以安全渡过的办法。我要运用龟卜方式，把我们祖宗所接受的天命发扬光大，这样先王的功业才能被守住。我可不敢自取停滞。自从老天降下威严，我就用文王传下来的大宝龟来卜问天命，命辞上说：'西方有很大的灾难，西方人也不平静了。'不安分的殷人小主武庚妄想恢复旧业！老天爷给我们降下威严，他们知道我国出了些问题，百姓也不安起来，叫嚣说：'我们要借此光复旧业！'他们鄙视并反叛我们周朝。现在他们就像鸟虫一样蠢动飞扑。现在叛乱的国家里有十余位贤者归顺辅佐我们，和我一同去完成文王和武王的大功业。现在我准备发动平定叛乱的战争，请问这次是吉还是凶？"结果，三个龟壳全都呈现出吉兆。

"因此我要告谕我的诸侯和各级官员：我已得到了很吉利的卜兆，我要率领你们去讨伐殷国那些逃亡叛乱的人！

"但是你们这些国君和各级官员无不反对我：'困难很大呀！民心也不平静。而且这些乱子就出在我们王朝的宫廷和王族诸侯的室家之间，并且是我们的长辈，可不能大行征伐啊！王啊，您为什么不违背卜兆呢？'

"因此，我对这些困难进行了深沉的思考，我要对你们说：唉！这些叛徒真的蠢动起来，可能会使百姓遭受灾难，真痛心啊！我受老天爷的差遣，艰难困苦压到了我的身上。如果我还不知担心这样的大事，那么你们各个邦君和各级官员应该劝谏我：'您不要劳神忧自身，不应不去完成您的先人文王谋求实现的功业！'

"唉！我绝不敢废弃上帝的命令。老天爷嘉奖文王，使我们小小的周国兴盛了起来。文王就是由于懂得遵照占卜行事，才能继承大命。现在老天爷又要降福给我们的，只要我们还能依照占卜行事。啊！天命威严可畏啊！大家一同来辅佐我成就功业吧！"

王接着说："你们这些人，很多是文王的老臣，文王的仪轨你们能够很好地遵循吗？你们知道文王是多么勤劳吗？现在老天爷已经把成功的道理教给我了，我实在不敢不尽快完成文王的事业。所以我深切地告诫各位邦君：老天爷并不是随便信任我的，它只是为了安抚我们的民众才这样的。我怎么敢不为先王遗下的伟大功业争取最后胜利呢？现在老天爷又要派我们的民众从事东征了，正像治病一样，我应为先王所受天命而去彻底清除它！"

王又说："像前面我对你们所宣诰过的，我正天天思考出兵东征的困难。打个比方吧，就像一位父亲想造房子，已经定好了建筑的规划，他的儿子却连堆土夯房基的工作都不能做，更何况去搭架梁椽呢？又如一位父亲把地耕好了，他的儿子却不肯播种，更何况去收获庄稼呢？这时父亲难道还能说："我有很好的后代，不会毁弃我的基业。"所以我才不

敢不及早努力继承并完成文王所承受的伟大天命。

"又好比兄长死了，就有群弟攻伐他的儿子，百官们可以袖手旁观不去救助吗？"

王又说："啊！努力吧，你们各个邦君和官员们。本来我们周邦国势昌明顺利，那是由于有一批贤臣，他们能了解上天的意旨，你们不能轻视这些事，何况现在老天爷又给我们周邦降下定命，那些发难的叛乱之徒到头来只会相互毁掉自己的家室。难道你们还不知道，上帝的命令是根本不会改变的吗？

"我经过了长时间的思考后认为：老天爷早已决定要灭绝殷商。好像农夫种地一样，我哪敢不顺着天时把自己的农活善始善终地都干完呢？从前上天给文王降下福命，为什么要放弃占卜，敢于不遵从占卜的吉兆，遵循与守卫文王所有的美好疆土呢？何况现在占卜都已得到吉兆！所以我就要率领大家东征了！天命不可不信，占卜的兆象就清楚地说明了这一点！"

 故事

·周公摄政·

周公是周武王姬发的弟弟。周文王姬昌在世时，周公非常孝顺，忠厚仁爱。周武王姬发即位后，周公经常佐助辅弼姬发，处理政务。说起来，周公算是周成王的叔叔。在周公代周成王摄政的这段时间里，周公都做了哪些贡献呢？

首先是平定了三监之乱。在前面的故事中，我们提到了三个叛乱者——管叔、蔡叔、霍叔。他们是怎么发起叛乱的呢？原来，他们不光在各地散播流言逼周公下台，甚至还跑到殷地勾结商王受的儿子武庚和徐戎，还有周围的十几个小国。他们准备趁周成王年幼，周公不在时，用武力推翻周朝，篡夺王位。

眼看着周王朝即将覆灭，刚被周成王接回来的周公大义凛然，调动大军并亲自带领他们平定叛乱，史称"周公东征"。周公带领大军浴血奋战了三年，终于获得了胜利，杀掉了商王受的两个儿子，还把三个叛乱者流放到了很远的地方。自此，周朝的江山算是稳固了。

东征之后，周公觉得殷商的残余势力对周朝的统治仍然是一个不小的威胁，必须想个好办法解决这个问题。他在雒邑修建了房屋，称为"王城"，让周王朝的贵族和官员住在这里，看守着殷商遗民。在这些遗民里，还真有很多不服从管理的家伙，于是周公又在离王城很远的地方修筑了一座叫"成周"的城，把顽固的殷商遗民关在这座城里。为了保险起见，他还在那里驻扎了一支军队，史称"成周八师"。这样，这些遗民就不敢捣乱了，东方的领土从此安定了下来。

处理好殷商遗民的事情之后，周公又在周武王分封诸侯的基础上，进行了一次更加科学的分封。这样做是为了减轻周王室的负担。为了防止诸侯割据、不服从周王室的事件发生，分封的诸侯都是姬姓贵族，与王室有很深的血缘关系。周公从早忙到晚，一刻也闲不下来。因为每天都很繁忙，他连洗澡吃饭都不能安下心来，在他沐浴的时候，常常有人找他处理公务，他只好把头发使劲拧三下，然后出去会客。吃饭的时候如果有人求见，他就只好先把嘴里的饭吐出来，赶紧去办事，办完再继续吃。后世用"一沐三握发，一饭三吐哺"这句话来形容一个人很忙，这个典故就是从周公这里来的。

后来，周成王长成了大人，可以独立处理朝政了。于是周公按照约定，把王位交还给了周成王。周成王即位以后，周公面对周成王时恭恭敬敬，一切都按照大臣对君王的礼节行事，并没有因为自己曾教导过周成王，就对他摆架子。诸位大臣看到周公这样，也就不敢轻慢年轻的周成王，都对周成王恭敬有加。周公一生的功绩被《尚书大传》

概括为："一年救乱，二年克殷，三年践奄，四年建侯卫，五年营成周，六年制礼乐，七年致政成王。"

为了使周朝的江山更稳固，周成王即位以后，周公在政治、文化、思想、道德、礼仪等方面制定了一套完整的典章制度。具体来说，就是法制和君臣、父子的尊卑顺序。这套典章制度对后世影响很大，是随后产生的儒家文化的基础。

召诰^①

惟二月既望，越六日乙未^②，王朝步自周^③，则至于丰^④。

 注释

①召（shào）诰：召指召公奭。《史记·周本纪》载："成王在丰，使召公复营雒邑，如武王之意。周公复卜申视，卒营筑，居九鼎焉。曰：'此天下之中，四方入贡道里均。'作《召诰》《洛诰》。"本篇讲述周公平定武庚叛乱后，把殷遗民迁到雒邑，决定营建雒邑为东都来加强统治。成王十分同意这个建议。周公、召公赞美成王的伟大决定，进而勉励成王敬重贤人，施行德教，爱护百姓，以发扬光大文王、武王的业绩。此篇大部分为周公之言，最后有一小段为召公所说。

②惟：句首语气词。二月既望：二月十六日。

③步：行。周：镐京。

④丰：文王所作都邑。

惟太保先周公相宅^①。越若来三月^②，惟丙午朏^③。越三日戊申^④，太保朝至于洛，卜宅。厥既得卜^⑤，则经营^⑥。越三日庚戌^⑦，太保乃以庶殷攻位于洛汭^⑧。越五日甲寅^⑨，位成。

 注释

①太保：官名，辅弼周王。先：在……之前。相：视察。

②越若：发语词。来：至。

③惟：语气助词。朏：月初生明，用作阴历每月初三的代称。

④戊申：三月初五。

⑤得卜：得到吉兆。

⑥经营：勘定方位，营建都城。

⑦庚戌：三月初七。

⑧殷：殷民。攻：治。洛汭（ruì）：洛水入黄河之处。

⑨甲寅：三月十一。

若翼日乙卯①，周公朝至于洛，则达观于新邑营②。越三日丁巳③，用牲于郊④，牛二。越翼日戊午⑤，乃社于新邑⑥，牛一，羊一，豕一⑦。越七日甲子⑧，周公乃朝用书，命庶殷侯、甸、男邦伯。厥既命殷庶，庶殷丕作⑨。

注释

①翼日：即"翌日"，第二天，即三月十二日。

②达：通。观：视察。营：区域，工地。

③丁巳：三月十四。

④用牲于郊：在郊外祭祀天神。

⑤戊午：三月十五。

⑥社：立社祭土地神。

⑦豕（shǐ）：猪。

⑧甲子：三月二十一。

⑨作：建造。

太保乃以庶邦冢君出取币①，乃复入锡周公②。

注释

① 以：和。庶邦冢君：诸侯国君。币：指币帛之类的赠送礼物。
② 锡：赠予。

曰："拜手稽首，旅王若公①。"诰告庶殷越自乃御事："呜呼，皇天上帝改厥元子②兹大国殷之命，惟王受命，无疆惟休③，亦无疆惟恤④。呜呼！曷其奈何弗敬？

注释

① 旅：嘉。
② 元子：天子。
③ 惟：语气助词。休：美。
④ 恤：忧虑。

"天既遐终大邦殷之命①，兹殷多先哲王在天。越厥后王后民②，兹服厥命③，厥终智藏瘝在④！夫知保抱携持厥妇子，以哀吁天⑤，徂厥亡⑥，出执⑦。呜呼！天亦哀于四方民，其眷命用懋，王其疾敬德。

注释

① 遐：远。
② 厥：其。
③ 服：遵循。
④ 智：有智慧的人。瘝：病，这里指有毛病的人。在：通"哉"。
⑤ 夫：丈夫。保：同"褓"，小儿衣物。妇：妻。子：孩子。吁：呼告。
⑥ 徂：通"诅"，诅咒。厥：其，指商王受。
⑦ 出执：通"黜絷"，不安的样子。

"相古先民有夏①，天迪从子保②；面稽天若③，今时既坠厥命。今相有殷，天迪格保④，面稽天若，今时既坠厥命。今冲子嗣，则无遗寿耇⑤，曰其稽我古人之德，矧曰其有能稽谋自天。

注释

① 相：看，观察。

② 迪：用。子：通"慈"。

③ 面：通"偭"，背。天若：指天道。

④ 格保：降临保佑。

⑤ 冲子：年幼的人，指成王。嗣：继承。寿耇（gǒu）：年高德劭之人。

"呜呼！有王虽小，元子哉，其丕能诚于小民①。今休，王不敢后，用顾畏于民碞②。

注释

① 诚（xián）：和谐，和洽。

② 碞：即"岩"，险。

"王来绍上帝①，自服于土中②。旦曰③：'其作大邑，其自时配皇天④，毖祀于上下⑤，其自时中乂⑥。'王厥有成命⑦，治民今休。

注释

① 绍：曾运乾《尚书正读》说："读为'卟'，卜问也。"可从。

② 服：治。土中：即"中土"，指雒邑。

③ 旦：周公自称。

④ 配：配享，祭祀时以周的祖先配享。

⑤ 毖：谨慎。

⑥中乂：治理于中土雒邑。

⑦成命：定命，上天之命。

"王先服殷御事^①，比介于我有周御事^②。节性，惟日其迈^③。王敬作所^④，不可不敬德。

 注释

①服：用。

⑦比：《广雅》："近也。"介：当作"尔"，同"迩"，近。

③节：节制，改造。

④作所：谓以身作则。

"我不可不监于有夏^①，亦不可不监于有殷。我不敢知曰，有夏服天命，惟有历年^②；我不敢知曰，不其延^③。惟不敬厥德，乃早坠厥命。我不敢知曰，有殷受天命，惟有历年；我不敢知曰，不其延，惟不敬厥德，乃早坠厥命。今王嗣受厥命^④，我亦惟兹二国命^⑤，嗣若功。

 注释

①监：同"鉴"。

②服：受。历：久。

③延：长久。

④坠：失去。嗣：继。

⑤惟：思。

"王乃初服^①。呜呼！若生子^②，罔不在厥初生，自贻哲命^③。今天其命哲^④，命吉凶，命历年。知今我初服，宅新邑，肆惟王其疾敬德^⑤。王其德之用，祈天永命。

注释

① 服：指受天禄命。

② 生子：养育孩子。

③ 贻：传。

④ 命哲：即赐大命于明智之人。

⑤ 疾：迅速。

"其惟王勿以小民淫用非彝①，亦敢殄戮用乂民，若有功②。其惟王位在德元，小民乃惟刑用于天下③，越王显④。上下⑤勤恤，其曰我受天命⑥，丕⑦若有夏历年，式勿替有殷历年⑧。欲王以小民，受天永命。"

注释

① 淫：放纵，过度。彝：法。

② 功：功效。

③ 刑：法。

④ 越：扬。

⑤ 上下：上指君，下指臣。

⑥ 其：差不多，大概。

⑦ 丕：乃。

⑧ 式：用。替：废弃。

拜手稽首，曰："予小臣敢以王之雠民百君子，越友民①，保受王威命明德。王末有成命②，王亦显。我非敢勤③，惟恭奉币④，用供王能祈天永命。"

注释

①予小臣：指召公。雠民：指殷的遗民，商亡后，仍与周为敌。百君子：泛指殷商旧臣。友民：亲附于周的殷民。

②成命：上天的定命。

③勤：慰劳。

④币：赠礼。

译文

从二月十六日开始算，又过去六日是乙未日，这一天周成王为了要营建东都雒邑，早晨从镐京出发，到丰邑去。

在周公出发之前，太保召公先去察看、规划。到了三月初三丙午日，新月露出光辉。隔了三天是戊申日，太保早上到了雒邑，占卜营建的地方。占卜得到吉兆，就开始丈量勘查。又隔了三天到庚戌日，太保便带领众多殷商遗民在洛水转弯处勘察规划宗庙建筑的位置。又隔了五天，到了甲寅日，勘察规划工作结束了。到了第二天乙卯日，周公早上来到雒邑，全面察看新都工程。隔了三天，到了丁巳日，他们在郊外祭祀天神，用了两头牛。再过一天是戊午日，又用牛、羊、猪各一头祭了土地神。隔了七天，甲子日的早晨，周公把详细的工程计划书写成文件交与殷朝的侯、甸、男众位诸侯。命令给广大殷民下达后，营建新都的工程就大举动工了。

太保召公偕同许多诸侯国君取了礼物，再次进来赠给周公。

周公说："我谨跪拜叩头，感激我王和召公的美意。"告诫广大殷民还有周朝自己的官员们：啊！老天更换了天子，我们周王接受了这大殷的天命，这固然无限美好，可也无限忧虑。唉！我们怎能不谨慎警惕呢！

"上天曾早想终止大殷的天命，许多殷朝圣王的神灵都在天上保佑着。等到了他们末代君王和民众的手里，开始还能服侍其禄位和天命，可最终所有贤人都隐藏起来了，邪恶的人充斥朝廷！丈夫们怀抱孩子，携带着他们的妻子，哀号着呼告苍天，诅咒商王受灭亡。多么痛苦不安啊！唉，老天也怜惜这四方民众，顾视天下，便把大命交给勤勉有德之人，我王应该多行德教才行啊。

"看看古代先民夏人建立夏国，因为顺从天命而受到老天的慈护；可到后来他们违背天道，上天便废弃了他们的大命。现在再看殷国，他们本来也是受到老天佑护的，后来也违背了天道，所以现在上天也废弃了他们的大命。现在我们的王年少继承王位，先王没有留下德高望重的辅政大臣，还不能说可以寻求古人的德政，更不必说能上窥天道了。

"啊！王虽年幼，却是天子，他和百姓的关系非常和谐。现在一切顺利，我王不敢延缓营建雒邑之事，也由于考虑到殷民难以统治，而心怀忧虑。

"王前往卜问了上天旨意，因而到这中土雒邑来统治。我曾经说过：'要建造一个大都，从此以周的先祖配享，谨慎地祭祀天神和地神，在中土安治天下。'我王按照上天大命来治理民众，现在一切都顺利了。

"王重视任用殷朝旧臣，使他们亲近并和周朝的治事大臣一样为国效劳。要节制、改造他们的性情，让他们天天都有所进步。我王要以身作则，不可以不谨慎于德行啊！

"我们不可不以夏代为鉴，也不可不以殷朝为鉴。我不知道夏王受天命之后，可以经历多长时间；我也不知道，他们不能够经历长久。我只知道他们因为不谨慎德行，才早早丧失了天命。我不知道殷在接受上天的大命后，可以经历多长时间；我也不知道他们不能够经历长久。我只知道他们不谨慎德行才早早丧失了天命。现在我王继承了天命，我们也该思考夏、商两国兴亡的缘由，从而继承他们先王的功业。

"我王可是初受天命啊！唉，像养育孩子一样，没有不从他幼年开始就传授他明智的德行的。现在上天给那些明智而有道德的人赐予大命，赐予吉祥，赐予了长久的国祚。上天知道我王初受天命，规划新都，所以我王得赶快谨慎德行才是啊！希望我王能施行德治，祈求上天赐予永久的大命。

"王不要因为民众有放纵违法的行为，就把他们杀戮灭绝，治理民众必须要有实效。王的德行垂范天下，民众才会依法度行于天下，才能发扬彰显王的德政。君臣上下应该勤勉体恤，才能说我们接受了上天的大命，才能像夏代那样经历长久，不要像殷国那样废弃了上天赐予的久远的好时光！希望我王和民众承受上天赐予的长久大命。"

召公跪拜叩头说："我这小臣率领那些曾经视我们为敌的殷民、殷商旧臣以及拥护我们的殷民，来共同承受周王从上天那里接受的威严大命，并发扬周王的大德。我王终得上天定命，营建洛邑，成王的德行更加彰显，我不敢说什么辛苦，唯有敬献微薄的币礼，以供我周王祈求上天，赐给我们永久的天命。"

故事

·为什么迁都·

好端端的周成王为什么要迁都呢？要知道在古代，迁都可是一件大事。

其实上文中说的这次迁都，并非真正的迁都。周成王只是在一个叫雒邑的地方兴建了新的政治中心，名叫"成周"，意为他周成王建立的周都；而先王留下的国都则叫"宗周"，和他同族的贵族大臣，仍旧留在这里。雒邑建设完工后，他又回到了镐京，也就是宗周。他回到宗周，是为了延续父亲的统治，而建立新都只是为了改良旧制，让国家更加繁荣。有人认为，这种双都制有利于巩固周王朝的政权。

不过，到了周平王时期，周朝进行了一次真正的迁都。我们都知道，周朝分为西周和东周两个时期，而周平王迁都雒邑这一历史事件，标志着东周的开始。

周平王是周朝君主，也是周武王的第十一世孙，周幽王的儿子。同时，周平王也是东周第一任君主。

周幽王是众所周知的昏君。他在位期间重用奸臣，严苛地剥削百姓，还沉迷于玩乐，丝毫不过问政事。有一次三川这个地方发生地震，负责管理三川的官员向周幽王禀报这件事，谁知周幽王不但不紧张，反而说："山川发生地震是常事，何必专程来告诉我？"周幽王在乎什么呢？当然是在乎美女、美酒、美食这些了，特别是美女。他经常在全天下寻找美女，他觉得这可比好好治理国家好玩多了。

终于，他找到了一位名叫褒姒的美女。褒姒容颜清丽绝伦，周幽王很是喜欢。后来周幽王甚至因为钟爱褒姒，而废除了自己的皇后和太子，将褒姒立为王后，她的孩子自然也被立为太子。被废掉的太子就是后来的周平王。后来，周幽王为了博佳人一笑，不惜点燃烽火台，玩起了烽火戏诸侯的把戏，还玩了不止一次。褒姒看着一次次匆忙赶来的将士，忍不住大笑。可是周幽王却失去信用，再也没有人愿意信他的烽火了。不仅如此，他这一劣迹还被写进史册，被后人耻笑了两千多年。

周幽王在位期间，周朝发生了很多自然灾害，诸如地震、洪水、旱灾等，民不聊生。当时的人们认为，这是上天在警告他，提醒他好好治理国家。周幽王丝毫不在意这些灾害给百姓带来的苦难，过着昏庸荒唐的生活。不管这些灾害是不是上天给予的警告，因为周幽王的不作为，最终造成了严重的损失。这也是西周衰败的一个原因。

公元前 771 年，少数民族犬戎的军队打进了西周的都城镐京，他们在镐京内外烧杀抢掠，并在骊山下杀死了周幽王。为什么相对落后的少数民族这么容易就打进周朝的都城呢？因为周幽王平时玩多了烽火戏诸侯的把戏，当他真的遇到了危险，诸侯们以为他又在开玩笑呢，所以谁

都没有来。就这样，周幽王被犬戎的军队杀掉了。

周幽王死后，贵族们拥立他的儿子宜臼于公元前770年即位，他就是周平王。当时周朝的形势很糟糕，幽王的暴政再加上这些年严重的天灾，导致镐京所在的关中地区一片荒凉，人口减少了很多。繁荣的镐京也被犬戎抢掠一空，而且随时面临被犬戎入侵的威胁。

战后的镐京显然不能再作为国都，因为那里不光经济损失惨重，连人口都少了很多，短期内很难再次繁荣起来。要稳固政权，只能先在更加繁荣的地方建都。因此，周平王在晋、郑、秦等国诸侯的保护下，在周平王元年即公元前770年将国都从镐京东迁至雒邑（今河南洛阳）。平王东迁以后的周朝，被称为东周。但是此时周朝已经失去了天下共主的地位，各个诸侯国越来越强大，不断兼并，周天子的威信大大下降，历史上把这个时期称为春秋战国时期。

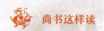

多士①

惟三月②，周公初于新邑洛，用告商王士③。

注释

① 多士：就是众士，指殷商遗民。本篇是周公代成王向殷商遗民，特别是旧臣发布的诰词，记录了周公借天命强迫殷商遗民迁居雒邑的原因和周王室对他们的政策，希望他们在雒邑安居乐业。

② 三月：周公摄政七年三月。

③ 王士：殷商的贵族阶级。下文"尔殷遗多士"亦即此王士也。

王若曰："尔殷遗多士，弗吊旻天①，大降丧于殷。我有周佑命②，将天明威，致王罚，敕殷命终于帝③。肆尔多士④，非我小国敢弋殷命⑤，惟天不畀允罔固乱⑥，弼我。我其敢求位⑦，惟帝不畀，惟我下民秉为⑧，惟天明畏⑨。"

注释

① 吊：善。旻天：指上天。

② 佑命：帮助老天行天命。

③ 将：奉。敕：告诫。

④ 肆：现在。

⑤ 弋（yì）：取。

⑥ 畀（bì）：给予。允罔：确定灭亡。固：继续。乱：治。

⑦ 其：岂。

⑧ 秉：执。为：作为，行事。

⑨ 明畏：圣明威严。畏，通"威"。

"我闻曰：'上帝引逸①。'有夏不适逸②，则惟帝降格③，向于时夏。弗克庸帝④，大淫泆有辞⑤。惟时天罔念闻⑥，厥惟废元命⑦，降致罚。乃命尔先祖成汤革夏⑧，俊民甸四方⑨。自成汤至于帝乙⑩，罔不明德恤祀⑪，亦惟天丕建保乂有殷⑫。殷王亦罔敢失帝，罔不配天其泽⑬。在今后嗣王，诞罔显于天⑭，矧曰其有听念。于先王勤家诞淫厥泆，罔顾于天显民祗⑮。惟时上帝不保，降若兹大丧。惟天不畀不明厥德。凡四方小大邦丧，罔非有辞于罚。"

注释

① 引逸：古代成语，牵引之使收敛，不至于犯下大过。引，牵引。逸，放纵。

② 有夏：夏。适：节制。

③ 降格：指降下灾祸。

④ 庸：用。

⑤ 泆：通"逸"。有辞：有罪状可以指说。

⑥ 惟时：于是。天罔念闻：老天抛弃，不闻不问。

⑦ 元命：天命。

⑧ 成汤：商代的第一个王。革：改革。

⑨ 俊民：贤人。甸：治理。

⑩ 帝乙：商纣王之父。

⑪ 明：勉。恤：慎。

⑫ 保：安。乂：治。

⑬ 泽：禄，恩泽。

⑭ 后嗣王：即商纣王。诞：大。显：敬畏。

⑮ 天显：天命。祗：通"疷"。

王若曰："尔殷多士，今惟我周王丕灵承帝事①，有命曰'割殷②，告敕于帝。'惟我事不贰适③，惟尔王家我适④。予其曰：惟尔洪无度⑤，我不尔动⑥，自乃邑。予亦念天即于殷大戾⑦，肆不正⑧。"

 注释

①灵：善。承：承顺。

②割殷：指灭殷。割：害。

③惟：只有。

④适：通"敌"。

⑤洪：大。度：法度。

⑥不尔动：不动尔，宾语前置。

⑦戾：罪。

⑧正：治罪。

王曰："猷①，告尔多士，予惟时其迁居西尔②。非我一人奉德不康宁③，时惟天命，无违。朕不敢有后④，无我怨。

 注释

①猷，发语词。

②迁居西尔：即"迁尔居西"之倒装。雒邑在殷地之西，所以说迁到西面。

③奉德：根据道德原则。这里指迁殷民之事是奉德而行，实际上是为了维护周王朝的统治。康宁：安静。

④后：怠慢。

"惟尔知，惟殷先人有册有典①，殷革夏命。今尔又曰：'夏迪简②在王庭，有服在百僚③。'予一人惟听用德④，肆予敢求尔于天邑商⑤。予惟率肆矜尔⑥，非予罪，时惟天命！"

注释

① 有册有典：有典籍的意思。

② 迪：进用。简：选拔。

③ 百僚：泛指百官。

④ 予一人：周公代周王自称。

⑤ 求：求取。天邑商，即"大邑商"，指商代都城。

⑥ 率肆矜尔：王引之在《经义述闻》中引王念孙说："谓放赦之也。'予惟率肆矜尔'者，言我惟用肆尔之罪，矜尔之愚而已。"率，用。肆，宽赦。矜，怜悯。

王曰："多士，昔朕来自奄①，予大降尔四国民命②。我乃明致天罚，移尔遐逖③，比事臣我宗④多逊⑤。"

注释

① 朕：周公自称。奄：古国名。

② 降：下。四国：指参加叛乱的管、蔡、商、奄四国殷民。

③ 遐：远。逖（tì）：远。

④ 比：亲附。事：服侍。臣：臣服。我宗：指周王朝。

⑤ 逊：顺。

王曰："告尔殷多士，今予惟不尔杀，予惟时命有申①。今朕作大邑于兹洛，予惟四方罔攸宾②，亦惟尔多士攸服奔走，臣我③，多逊④。"

注释

① 有：又。

② 宾：通"摈"，摈弃。

③ 奔走：效力。臣：臣服。

④逊：顺。

"尔乃尚有尔土①，尔乃尚宁干②止。尔克敬，天惟畀③矜尔。尔不克敬，尔不啻④不有尔土，予亦致天之罚于尔躬⑤。今尔惟时宅尔邑⑥，继尔居⑦，尔厥有干有年⑧于兹洛。尔小子乃兴⑨，从尔迁。"

 注释

①尚：还。
②干：指劳作之事。
③畀：给予。
④不啻：不但。
⑤躬：身。
⑥宅：安居。
⑦居：居处，指正常生活。
⑧有年：长久。
⑨兴：兴盛。

王曰又曰①："时予②，乃或言尔攸居③。"

 注释

①王曰又曰：曾运乾《尚书正读》说："本文'又曰'，重言'时予'也。"
②时：承，顺。
③或：通"克"，能。攸：通"悠"。

 译文

三月，周公第一次在新都雒邑，将成王的命令告谕商王朝的旧臣。

王这样说："你们这些殷商旧臣们，纣王不敬天命，上天把大祸降给了你们殷国。我们周国帮助老天行天命，奉行上天圣明而威严的意旨，用王者的诛罚，命令殷王终止帝业。现在告诉你们，不是我们小小周邦敢于夺取你们殷国的天命，是上天不愿意把大命再给你们，决定要你们丧亡，所以他连续佑助我们。我们哪敢奢求这个王位呢！上天圣明而威严，他不愿意再给你们大命，我们下民只能信守奉行他的旨意。

"我听说：'上天对人的行为总是引导使其不犯错。'夏桀不节制自己放纵的行为，于是上天降下了灾祸，劝诫夏桀。但夏桀不仅不听，反而变本加厉，说了许多侮慢上天的罪辞。于是，上天就不再顾惜他们，废掉了夏的天命，降下灭亡的责罚。这样上天就命令你们的先祖成汤代替夏的统治，任用贤人治理四方。从成汤到帝乙，无不勤修德行和谨慎于祭祀，因此上天大力帮助商安治殷国。商王也不敢违背天命，无不施民于恩泽以配合上天。可是到了末代君王纣，他不敬天道，更说不上有听先王勤政的想法。他大肆淫乱放纵，根本不把天命和民众疾苦放在眼里。因此上天就不再保佑殷国，降下了灭亡的大祸。由此可知，老天不会赐天命给不修德教的人。凡是四方大小国家的灭亡，没有一个不是因为相应的罪状招致惩罚的。"

王说："你们这些殷商的殷民啊，现在只有我们周王能好好地顺承上天的命令，命令说'灭殷，并报告上天。'我们灭殷只是与王室为敌，并不是敌视你们民众。我要说：是你们无视法度，我们并没有采取行动，是你们国都内先发动了叛变。我看到上天已经降下大祸给殷，所以也就不再治你们的罪了。"

王说："啊，我告诫你们，我把你们迁移到西方，不是我为了周国的利益不让你们安定，这是上天的命令，不能违背！我也不敢怠慢上天的命令，你们可不要埋怨我。

"你们知道，殷人的祖先传下来的历史典册，记载着殷更改夏命的故事。现在你们又说：'殷商选拔了很多夏人进入朝廷，担任各种要职为殷王服务。'我用人是以德行作为标准的，所以我在商都里寻求你们中的贤人。但现在我只是哀怜、赦免你们而已。这不是我的罪过，这是上天的命令！"

王说："殷商的遗民们，过去我从奄国征伐回来，对参加叛乱的管、蔡、商、奄四国殷民厚赐恩德。为了明确表达上天的刑罚，把你们从遥远的地方迁来，好亲近我们的政教，服侍、承顺我们周王朝。"

王说："告诉你们殷商的遗民们，现在我不杀你们，我只重申一下以前的命令。现在我在洛水旁造起这座大城邑，为的是包容四方民众，不但不会拒绝你们，而且希望你们能服务王事替我们效力，臣服我们，顺从我们。

"你们还是拥有你们的土地，你们也可以安定地劳作和休息。只要你们恭恭敬敬，老天就会怜悯你们。如果你们不恭敬，你们不但不能享有土地，我还要把上天的责罚加到你们身上。现在你们要安居于你们的都邑，继续过你们的日子，可以好好地在雒邑守护漫长的岁月。从你们迁居开始，你们的子孙后代也会兴旺发达起来的。"

王说："顺从我吧。"王又说："顺从我，你们就能够安于你们的新居。"

多方

惟五月丁亥②，王来自奄③，至于宗周④。

① 多方：多方即众国。本篇是周公摄政三年平定奄地叛乱回到宗周后，对各诸侯国君以及殷商旧臣等所做的一篇诰词，强调他们应认清天命，服从周王朝的统治。

② 五月丁亥：周公摄政三年的五月丁亥。

③ 奄：古国名，在今山东曲阜市东。

④ 宗周：镐京，武王始都。

周公曰："王若曰①：猷！告尔四国多方惟尔殷侯尹民②，我惟大降尔命③，尔罔不知。

① 王若曰：周公代成王言，故云。

② 猷！告尔四国多方惟尔殷侯尹民：马融本作"大告猷"。猷，于。四国：指管、蔡、商、奄四个反叛方国。多方：犹四方，指各地诸侯。惟：与。殷侯尹民：泛指殷诸侯的正长。

③ 命：宽宥，好处。

"洪惟图天之命①，弗永寅念于祀②，惟帝降格于夏③。有夏诞厥

逸④，不肯戚言于民⑤，乃大淫昏，不克终日劝于帝之迪⑥。乃尔攸闻。厥图帝之命，不克开于民之丽⑦，乃大降罚，崇乱有夏⑧，因甲于内乱⑨。不克灵承于旅⑩，罔丕惟进之恭⑪，洪舒于民⑫。亦惟有夏之民叨懫日钦⑬，劓割夏邑⑭。天惟时求民主，乃大降显⑮休命于成汤，刑殄⑯有夏。

注释

① 洪惟：发端词，无义。图：败坏。

② 寅：敬。祀：祭祀。

③ 格：谴告。

④ 逸：放纵。

⑤ 戚：忧。

⑥ 劝：劝勉。迪：导，由。

⑦ 丽：通"罹"。遭遇。

⑧ 崇乱：犹言重乱，大乱。

⑨ 甲：通"狎"，习。

⑩ 灵承：周人成语，自下奉上之词，善受之意。旅：嘉美。

⑪ 罔丕惟：古成语，无不如此。进：赠送的钱财。恭：共。

⑫ 洪：大。舒：通"荼"，荼毒。

⑬ 叨（tāo）：贪婪。懫（zhì）：忿戾。钦：崇尚。

⑭ 劓（yì）割：割除，削弱。

⑮ 显：光。

⑯ 殄：灭绝，灭亡。

"惟天不畀纯①，乃惟以尔多方之义民②，不克永于多享惟夏之恭，多士③大不克明保享于民④，乃胥惟虐于民⑤，至于百为，大不克开⑥。乃惟成汤克以尔多方简，代夏作民主⑦。慎厥丽，乃劝，厥民刑，用劝。以至于帝乙⑧，罔不明德慎罚，亦克用劝。要囚⑨，殄戮多罪，亦克用劝。开释无辜，亦克用劝。今至于尔辟⑩，弗克以尔多方享天之命。呜呼！"

 注释

①畀（bì）：给予。纯：福命。

②以：与。义民：贤者。

③恭：通"供"，指所供职位。

④明：勤勉。保：安。

⑤胥：皆。惟：为。

⑥开：开释，解脱。

⑦乃惟：只有。简：虚词，无义。

⑧帝乙：商纣王之父。

⑨要囚：审察囚犯的供词。

⑩辟：君，指商纣王。

王若曰："诰告尔多方，非天庸释①有夏，非天庸释有殷，乃惟尔辟以尔多方，大淫图天之命，屑有辞②。乃惟有夏图厥政，不集于享③，天降时丧，有邦间之④。乃惟尔商后王⑤逸厥逸，图厥政，不蠲烝⑥，天惟降时丧⑦。

 注释

①庸释：舍弃不用。释：厌弃，丢弃。

②屑：琐屑。

③集：和。享：祭祀。

④有邦：这里指商。间：代替。

⑤商后王：即商朝末代王纣。

⑥蠲（juān）：清洁，干净。烝（zhēng）：祭祀活动。

⑦惟：又。

"惟圣罔念作狂^①，惟狂克念作圣。天惟五年须暇之子孙^②，诞作民主^③，罔可念听。天惟求尔多方，大动以威^④，开厥顾天^⑤，惟尔多方罔堪顾之。惟我周王灵承于旅^⑥，克堪用德，惟典神天^⑦。天惟式教我用休^⑧，简畀殷命^⑨，尹尔多方^⑩。

 注释

① 惟：虽。圣：聪明睿智。狂：愚狂无知。

② 须：等待。暇：宽暇。子孙：指纣王。

③ 诞：其。民主：君王。

④ 大动以威：指天降下灾异谴告下民。

⑤ 顾天：仰承天意。

⑥ 灵承于旅：善受嘉休，指文王、武王喜承上天所赐大命。

⑦ 典：主。

⑧ 式：用。教：告。

⑨ 简：大。畀：给予。

⑩ 尹：正，治理。

"今我曷敢多诰^①，我惟大降尔四国民命。尔曷不忱裕^②之于尔多方？尔曷不夹介乂我周王^③，享天之命？今尔尚宅尔宅^④，畋尔田^⑤，尔曷不惠王熙天之命^⑥？

 注释

① 曷敢：岂敢，哪里敢。

② 忱裕：劝导。

③ 夹介：曾运乾说："犹洽比也，亦双声连辞。"洽比，亲附。

④ 宅尔宅：前一个宅作动词，居住。后一个宅是居住之处。

⑤ 畋（tián）：通"佃"。耕田。

⑥ 惠：顺。熙：发扬光大。

"尔乃迪屡不静[1]，尔心未爱[2]，尔乃不大宅[3]天命，尔乃屑播天命[4]，尔乃自作不典，图忱于正[5]。

注释

① 乃：竟。迪：教导。
② 爱：惠，顺。
③ 宅：度，考虑。
④ 屑：通"泆"，失去。播：弃。
⑤ 图：企图。忱：信。正：正义。

"我惟时其教告之[1]，我惟时其战要囚之[2]。至于再，至于三，乃有不用我降尔命[3]，我乃其大罚殛之[4]。非我有周秉德不康宁，乃惟尔自速辜[5]。"

注释

① 惟时：于是。
② 战：通"殚"，尽。
③ 有：又。
④ 殛：诛杀。
⑤ 速：召。辜：罪。

王曰："呜呼！猷，告尔有方多士暨殷多士，今尔奔走，臣我监五祀[1]，越惟有胥伯小大多正[2]，尔罔不克臬[3]。自作不和[4]，尔惟和哉[5]；尔室不睦[6]，尔惟和哉。尔邑克明，尔惟克勤乃事。尔尚不忌于凶德[7]，亦则以穆穆在乃位[8]。克阅于乃邑谋介[9]。尔乃自时雒邑，尚永力畋尔田，天惟畀矜尔[10]，我有周惟其大介赉尔[11]，迪简在王庭[12]，尚尔事，有服在大僚[13]。"

217

 注释

① 奔走：效劳。监：指灭殷后所立监督殷民的三监。五祀：五年。指监殷民之日起至这篇诰词对殷民讲之时正好五年。

② 胥：徭役，亦即赋税。伯：通"赋"。正：正常的标准。

③ 臬（niè）：法度。

④ 和：和睦。

⑤ 惟：思。

⑥ 室：家庭。

⑦ 忌：顾忌，忌讳。

⑧ 穆穆：和敬的样子。

⑨ 阅：历久。乃：则。介：助。

⑩ 畀：予，给予。

⑪ 介：助。赉（lài）：赐予。

⑫ 迪：进。简：择。

⑬ 服：事。僚：官。

王曰："呜呼！多士，尔不克劝忱我命①，尔亦则惟不克享，凡民惟曰不享。尔乃惟逸惟颇②，大远王命，则惟尔多方，探天之威③，我则致天之罚，离逖尔土④。"

 注释

① 劝：勉。忱：信。

② 逸：安逸。颇：斜。

③ 探：摸取。

④ 离逖：使远去。逖：使远，疏远。

王曰："我不惟多诰，我惟祗告尔命①。"

又曰："时惟尔初，不克敬于和，则无我怨。"

 **注释**

① 祗：敬。

 **译文**

五月丁亥这一天，王从奄地归来，到了镐京。

周公说："君王这样说：'啊！告诉你们四国、各地诸侯和治理臣民的官长们，我要向你们传达天命，你们不能不知道。'

"夏代败坏了天命，不敬重于祀典，老天对夏王朝降下了谴告。而夏王仍大肆放纵，不肯忧念他的百姓，甚至日益淫逸昏乱，不能终日勤勉于天道。这些是你们都知道的。夏桀虽然考虑到了上天的命令，却不能明白民众的遭遇，上天便大大降下惩罚，重乱夏国，这是因为夏桀习于在国内为非作歹，不好好接受上天的美命，却残暴地搜刮民财，荼毒百姓，也因为夏朝的统治者贪婪，怂戾之风日盛，残暴横行于夏都。上天为了寻求一个较好的君王，于是给成汤降下了光荣而美好的大命，让他灭绝夏朝。

"老天之所以不降福命给桀，只是由于你们这些夏朝的四方诸侯不能长久享其职位，不能努力安定民众，却大肆残害民众，无所不为，根本谈不上解除民众的痛苦。只有成汤善于得到四方诸侯的支持，取代了夏王，做了臣民的君主。他谨慎于刑法，鼓励臣民勤勉从善，他对有罪之人使用刑罚，也是为了使民畏惧而知向善。从汤王直到帝乙，都是明德慎罚，使民众勉力从善。仔细考察犯人的狱词，杀戮是一项罪大恶极的罪名，臣民也因此勉力向善。释放无辜的犯人，百姓也由此勉力向善。而今天你们的纣王，竟然不能和你们四方诸侯永享上天赐予的大命。唉！"

王这样说："告诉你们四方诸侯，并不是上天丢弃了夏朝，也并不是上天丢弃殷朝，实在是因为之前的君主率领四方诸侯过度放纵，败坏天命，甚至振振有词地为自己的罪行辩护。夏王败坏了政事，遭到神丢弃而不能和谐于享祀，老天才给他降了灭亡之命，从而使商王取代了他。但是你们商代后王纣纵情享受，败坏政事，没有诚恳地奉行祭祀，老天也只得又给他降了这丧亡之命。

"聪明睿智的人不把上天的意旨放在心上，就会变得愚昧；狂荡愚昧的人把上天的意旨放在心上，也会逐渐变得睿智。上天考察你们汤的子孙纣王，等了他五年，希望他能改恶从善，当好民众的君主，可他根本不考虑，也根本不听从上天的教导。老天只有多方降下灾异来谴告你们。希望能出现仰承天意的人，但你们中没有能仰承天意的人。只有我周王善承天的美命，又能广布德政，足以主持天地神的祭祀。老天就将吉祥美好的迹象告诉了我们，将以前殷朝所承受的天命赐给了我们，我们就根据天命来治理多方诸侯。

"现在我哪敢对你们讲这么多告诫的话，我只是郑重地向你们四国民众传达命令。你们四国之民为什么不以这些好处劝导四方诸侯？你们为什么不亲附于我周王共享天命？现在你们仍居住你们原来的地方，耕种着自己原来的土地，为什么不依顺我周王，以发扬光大上天的美命？

"你们屡次做出反叛作乱之事，心里没有驯顺之意，你们竟然不认真考虑天命，敢轻易抛弃天命，你们自己不遵守法度，还企图以正义取信于人。

"于是我必须好好教导你们，必要时我会把不法之徒尽数幽囚起来。到了第二次，第三次，如果还有人不遵从我下达的命令，我只好大行惩罚，直至诛杀。这并非我周朝秉持德教不给你们以和平安宁的生活，实在是你们咎由自取。"

王说："唉！告诫你们四方的首领和殷商旧臣们，现在你们效劳我周朝已经五年了，所规定的大小徭役、赋税等都完全合乎正常的标准，你们都能按准额交纳。如果你们之间不和睦，应该赶紧变得友好起来；家庭有不和睦的，也要和睦起来。如果你们能够把自己的居邑治理好，就

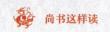

算你们能勤于职守。我不期望你们遇到坏事，希望你们能恭敬地享有禄位。这样，你们方国的民众就能够和睦愉快地生活。如果你们能够在雒邑生活，那么你们便可以永远努力经营好你们的田地，上天就会给你们怜悯。我周朝更会大大帮助和赏赐你们，将把你们选拔到朝廷来，勤勉于职守的，可以担任重要官职。"

王说："唉！四方诸侯和殷商旧臣们，如果你们不能听信我的命令，你们就不能享有你们的禄位，你们的臣民也不能享有财富。如果你们一味放纵和邪恶，背弃王命，妄图亲身试探天威，我就只好执行天谴，远远地流放你们，夺走你们的土地。"

王说："我不想费口舌告诫你们了，我只是恭敬地告知你们所承受的上天赐下的命令。"

王又说："现在是你们从头开始的机会，如果你们不能敬遵天命和谐相处，就不要怨恨我把上天的惩罚降给你们。"

故事

——• 春秋五霸的故事 •——

公元前 770 年到公元前 476 年，史称春秋时代。在这 290 多年间，社会风雷激荡，可以说是烽烟四起，战火连天。仅据鲁史《春秋》的记录，其间发生的大小战争就有 480 余次。司马迁说："《春秋》之中，弑君三十六，亡国五十二，诸侯奔走不得保其社稷者不可胜数。"相传春秋初期诸侯列国共有 140 多个，经过连年吞并，到后来只剩较大的几个。这些大国之间互相攻伐，争夺霸权。这一时期最强大的五个诸侯国的国君被称为春秋五霸。

在历史上，对春秋五霸有两种不同的说法：一说五霸是指齐桓公、宋襄公、晋文公、秦穆公和楚庄王，另一说五霸是指齐桓公、晋文公、楚庄王、吴王阖闾和越王勾践。

齐桓公

齐桓公任用管仲为相，促进国家统一，九合诸侯，一匡全国，最先成为霸主。齐桓公是公元前685年即位的，他在政治、经济上进行了一系列革新，使齐国强盛起来。齐桓公率兵攻打山戎，击退狄族的进攻，又率齐、鲁、宋等国之师破蔡伐楚，阻止楚国北进，他的威信由此大增。公元前651年，他大会诸侯于葵丘（今河南民权东北），订立盟约，成为春秋时期第一个霸主。

晋文公

春秋时期第二个称霸的是晋文公。公元前638年，楚成王带领楚、郑、陈等国部队围攻宋国都城商丘（今河南商丘一带）。宋国派人到晋国求救。晋文公采用了部下的意见，争取让齐国和秦国参战，壮大了自己的阵容。之后，晋国又改善了晋同曹卫两国的关系，孤立了楚国。这时，楚国令尹子玉震怒，出兵进攻晋国。

晋文公为了避开楚军的锋芒，下令队伍后退三舍（古代部队行进三十里叫作一舍，九十里就是三舍）。晋国退避三舍，后撤到卫国的城濮（今山东鄄城西南临濮镇）。城濮离晋国比较近，补给很方便，又便于会合齐、秦、宋等友邦部队，集中兵力。公元前632年四月，晋楚两国开始决战。晋军诱敌深入，楚军陷入重围，全部被歼。城濮之战创造了在战术上先退让一步、后发制人的著名战例。后来，晋文公请来周襄王，在践土（今河南原阳西南）和诸侯会盟。周天子策封晋文公为侯伯（诸

侯之长），并犒赏他黑红两种弓箭，表示允许他有权自由征伐。就这样晋文公成了春秋霸主之一。

楚庄王

齐国称霸时，楚国因受齐国抑制停止北进，转而向东兼并了一些小诸侯国，国力越来越强大。齐国被吞并后，楚国便向北扩张与晋国争霸。公元前597年，楚庄王在邲（在今河南荥阳东北）与晋国大战，打败晋国。华夏各国背晋向楚。至此，楚庄王成为春秋霸主之一。

秦穆公

晋国称霸的时候，西部的秦国也强盛起来。秦穆公向东争霸，但由于向东的通路为晋所阻，便向西兼并了十几个小国，在函谷关以西一带称霸。

越王

春秋后期，吴越两国相继强盛，争霸于东南。公元前494年，吴王夫差进攻越国，围困越王勾践于会稽（今浙江绍兴），迫使越国臣服。接着吴国又打败齐国。公元前482年，吴王夫差在黄池（今河南封丘附近）与诸侯会盟，争得了霸权。越王勾践自被吴国打败后，卧薪尝胆，立志报仇，经过几十年努力，越国转弱为强，灭了吴国。勾践乘势北进，与齐、晋等诸侯会盟于徐州（今山东滕州），成为霸主。

诸侯大国争霸，说明周朝王权在减弱。自公元前770年平王东迁洛邑（今河南洛阳）后，周王室愈加衰微。从前是天子统帅诸侯，礼乐征伐自天子出。到了这一时期，这些权力都落到诸侯手里，礼乐征伐自诸侯出，甚至有"陪臣执国命"的情况发生。新兴地主阶级纷纷起来夺权，周朝奴隶制处于礼坏乐崩的田地。

　　春秋战国时期动荡的社会局面虽然导致百姓生活困苦，带来了不利的影响，但是这种特殊的社会环境冲击了知识分子的内心，促使他们对社会进行了深刻的思考，并纷纷发表自己的见解。这些知识分子逐渐形成了自己的流派，著名的"百家争鸣"现象就这样产生了。据《汉书·艺文志》记载，数得上名字的流派一共有189家，留存4324篇著作。其后的《隋书·经籍志》《四库全书总目》等则记载诸子百家实有上千家。虽然有这么多，但流传较广、影响较大、较为著名的不过12家而已，即只有12家被发展成学派。我们熟知的老子、孔子、孟子、庄子，就是这个时期的著名思想家。在中国历史上，春秋战国时期是个群星闪烁的时代，也是思想文化辉煌灿烂的时代。

周官^①

惟周王抚万邦^②，巡侯甸^③，四征弗庭^④，绥厥兆民^⑤。六服群辟^⑥，罔不承德^⑦。归于宗周^⑧，董正治官^⑨。

 注释

①周官：《史记·鲁周公世家》云："成王在丰，天下已安，周之官政未次序，于是周公作《周官》，官别其宜。"司马迁所说的《周官》已经散佚了。本篇《周官》属梅赜《古文尚书》，记载了周成王向百官阐述周王室设官分职的原则。

②周王：周成王。

③侯甸：泛指诸侯国。

④庭：通"廷"，朝廷。

⑤绥：安抚，安定。

⑥六服：蔡沈《书集传》说："六服，侯、甸、男、采、卫，并畿内为六服也。"群辟：指各个诸侯王。

⑦承：顺。

⑧宗周：这里的宗周指丰邑。

⑨董正：督察整顿。治官：治事之官。

王曰："若昔大猷^①，制治于未乱^②，保邦于未危^③。"

 注释

①若：顺。猷：谋略。

② 制：制定。治：政教。

曰："唐虞稽古①，建官惟百②。内有百揆四岳③，外有州牧侯伯④。庶政惟和⑤，万国咸宁。夏、商官倍⑥，亦克用乂。明王立政⑦，不惟其官，惟其人。今予小子祗勤于德⑧，夙夜不逮⑨。仰惟前代时若⑩，训迪厥官⑪。

注释

① 唐：唐尧。虞：虞舜。稽：考察。
② 官：官职。
③ 百揆：百官之首，相当于周代的冢宰。揆，官职。四岳：尧舜部落的官名或大臣名；也有人说是四方部落首领，在联盟内参政议事，也通。
④ 州牧侯伯：泛指归附尧舜部落联盟的诸侯方国。州牧，州的长官。侯伯，地方诸侯。
⑤ 庶政：众多政务。
⑥ 官倍：官数增加一倍。
⑦ 立政：设立官长。
⑧ 祗：敬。
⑨ 逮：及。
⑩ 前代：指古代尧舜之时。若：顺。
⑪ 训：顺。迪：蹈，依循。

"立太师、太傅、太保①，兹惟三公。论道经邦②，燮理阴阳③。官不必备，惟其人。

注释

① 太师、太傅、太保：辅助天子之官。《孔传》说："师，天子所师法；傅，傅相天子；保，保安天子德义者：此惟三公之任佐王。"

② 论道：谓阐明治国的大道。经邦：谓治理国家的谋略。

③ 燮（xiè）：调和。

"少师、少傅、少保①，曰三孤。贰公弘化②，寅亮天地③，弼予一
人④。

 注释

① 少师、少傅、少保：官职名，较三公低。

② 贰：辅助，协助。弘化：弘扬教化。

③ 寅：敬。亮：明。

④ 弼：辅。

"冢宰掌邦治①，统百官，均四海。司徒掌邦教②，敷五典③，扰兆
民④。宗伯掌邦礼⑤，治神人，和上下。司马掌邦政⑥，统六师⑦，平邦
国。司寇掌邦禁⑧，诘奸慝⑨，刑暴乱。司空掌邦土⑩，居四民，时地
利。六卿分职，各率其属，以倡九牧⑪，阜成兆民⑫。

 注释

① 冢宰：官名，相当于后来的宰相。

② 司徒：官名，掌教化。

③ 五典：即父义、母慈、兄友、弟恭、子孝五教。

④ 扰：驯服，安抚。

⑤ 宗伯：官名，掌宗庙祀典。

⑥ 司马：官名，掌军事征伐。

⑦ 六师：周初只有师，宗周六师，成周八师。

⑧ 司寇：官名，掌管司法刑律。

⑨ 诘：追究，查处。慝（tè）：邪恶，恶念。

⑩ 司空：官名，西周时，司空掌水利、营建之事。

⑪ 倡：倡导。九牧：九州牧伯。

⑫ 阜：盛，大。成：安定。

"六年，五服一朝①。又六年，王乃时巡②，考制度于四岳③。诸侯各朝于方岳④，大明黜陟⑤。"

注释

① 五服：《孔传》说："侯、甸、男、采、卫。六年一朝会京师。"这里泛指四方诸侯。朝：朝觐。

② 巡：巡视，视察。

③ 考：考察，考核。四岳：或指东岳泰山、南岳衡山、西岳华山、北岳恒山。

④ 方岳：即四岳。

⑤ 黜：罢免。陟（zhì）：升，谓提拔。

王曰："呜呼！凡我有官君子①，钦乃攸司②，慎乃出令。令出惟行，弗惟反③。以公灭私，民其允怀④。学古入官⑤，议事以制⑥，政乃不迷⑦。其尔典常作之师⑧，无以利口乱厥官⑨。蓄疑败谋⑩，怠忽荒政⑪。不学墙面，莅事惟烦⑫。

注释

① 有官君子：在位的官员。

② 钦：敬。司：职事。

③ 反：违逆。

④ 允：信。怀：归向，归服。

⑤ 学古入官：《孔传》说："言当先学古训，然后入官治政。"

⑥ 制：裁断。

⑦ 迷：错谬。

⑧其：副词，表祈使语气。典常：典章旧法。师：师法。

⑨利口：能言善辩。乱：扰乱。

⑩蓄：积。

⑪怠：懈怠。忽：忽略，不经心。荒：荒废。

⑫莅（lì）：管理，治理。

"戒尔卿士①，功崇惟志②，业广惟勤。惟克果断，乃罔后艰。位不期骄③，禄不期侈。恭俭惟德，无载尔伪④。作德，心逸日休⑤；作伪，心劳日拙。居宠思危，罔不惟畏⑥，弗畏入畏。推贤让能，庶官乃和⑦，不和政厖⑧。举能其官，惟尔之能；称匪其人⑨，惟尔不任。"

注释

①卿士：治事大臣。

②崇：高。志：志向。

③位：在位。

④载：事，事情，事业。伪：奸伪。

⑤日：天天。

⑥惟：思。畏：畏惧。

⑦和：和睦。

⑧厖（máng）：杂乱。

⑨称：举荐。匪：非。

王曰："鸣呼！三事暨大夫①，敬尔有官，乱尔有政②，以佑乃辟③，永康兆民④，万邦惟无斁⑤。"

注释

①三事：《立政》篇云："立政：任人、准夫、牧，作三事。"即此。任人、准夫、牧这三位都属于机要大臣。

②乱：治理，处理。

③辟：天子、诸侯国君的通称。

④兆民：指天下民众。

⑤斁（yì）：厌弃。

 译文

　　周成王安抚天下四方，到各诸侯国去视察，四面征讨反叛朝廷的诸侯，使天下民众安定。各方诸侯非常服从，没有不承顺周王的德教的。成王返回宗周丰邑时，还要督察整顿治事的官员。

　　成王说："顺从古代的治国大道，要在国家还未出现动乱的时候制定政教，要在国家还没有出现危机的时候安定国家。"

　　成王说："唐尧、虞舜考察古代的历史，设立官职一百个左右。内有百揆、四岳，外有州牧、侯伯等。那时，各种政事和顺，四方安宁。夏代和商代官员数量增加了一倍，也能够把国家治理好。圣王设立官长，不考虑职位多少，而考虑用人是否得当。现在我恭敬勤勉于德政，从早干到晚都像有所不及。仰慕古代，顺从古人，像他们那样建立官职。

　　"设置太师、太傅、太保这三公。阐明治国的大道，提出治国的谋略，调和阴阳。三公不必齐备，关键要任用有德之人。

　　"少师、少傅、少保，称为三孤。协助三公弘扬教化，恭敬地信奉天地的教化，辅佐我这个君主。

　　"冢宰主管治理国政，统率百官，使天下四方得以协调。司徒掌管国家教化，传播五教，使民众得以安定。宗伯掌管宗庙祀典，处理人神关系，协调上下尊卑关系。司马掌管军事，统率六师，使国家得以安定。司寇掌管司法刑律，查办奸恶，惩治暴乱。司空主管国家土地，安置士农工商，顺应天时，以获得地利。上述六卿分掌职事，各自统率自己的属官，从而在九州之内倡明政教，使百姓富足安乐。

　　"六年之后，四方诸侯来朝觐一次。再过六年，天子按季节视察四方。在四岳考察诸侯的制度、礼仪，各方诸侯分别朝于所在方岳，天子对所有诸侯公开进行升降赏罚。"

成王说："啊！我周王室在位的官员们，请恭敬地对待你们的职务，谨慎地发布政令。政令发布了只能实行，不能违逆。用公心消除私欲，民众就会相信并服从你了。先学古法，再去做官，商议政事后再行裁断，就不会出现错误。希望你们用旧的典章作为法则，不要用不正当的思想和言论歪曲典章。迟疑不决，必然会使心中的谋略泡汤，懈怠轻慢，也必然会让政务荒废。如果不学习，就像面对墙壁站着那样，什么也看不见，处理事情时就会烦乱没有头绪。

"诸位卿士大臣，我告诉你们，功高在于志大，业广在于勤勉。遇事能够当机立断，就不会有以后的艰难。居高官不应当骄傲，享厚禄也不应奢侈。恭敬节俭才是美德，不要做奸伪之事。行德义之事会让人内心快乐，每天的生活都很美好；做坏事费尽心机，处心积虑，处境会日趋艰难，即使身居宠信之位，也会每日忧患思危。对待任何事情都要有畏惧之心，不感到畏惧就会让自己陷入可怕的境地。人人谦让，举荐贤能，官员们就能和谐相处，一旦不和睦就会导致社会秩序杂乱。被推举的人称职，是你们的贤能；他们不能称职，是你们不能胜任官职。"

成王说："啊！任人、准夫、牧和大夫们，你们要恪尽职守，处理好你们的政务，以此辅佐你们的君王，使天下民众长久安定，天下四方就不会厌弃我周朝了。"

吕刑^①

惟吕命，王享国百年^②，耄^③，荒度作《刑》，以诘四方^④。

 注释

①吕刑：《史记·周本纪》载："甫侯言于王，作修刑辟。"本篇叙述了蚩尤及其后裔三苗的恶行，回忆了从"民神杂糅"到"绝地天通"的社会变化。篇中提出中国古代自成体系的刑法纲领和"祥刑"思想。

②惟：语气助词。吕：吕国，原是姜姓一支，灭商后被周武王封为侯国，周宣王时期南迁到南阳一带。

③耄：年老。

④荒：大。度：考虑。诘：责成。

王曰^①："若古有训，蚩尤惟始作乱^②，延及于平民。罔不寇贼鸱义，奸宄夺攘矫虔^③。苗民弗用灵^④，制以刑^⑤，惟作五虐之刑曰法^⑥。杀戮无辜，爰始淫为劓、刵、椓、黥^⑦，越兹丽刑^⑧，并制罔差有辞^⑨。民兴胥渐^⑩，泯泯棼棼^⑪，罔中于信^⑫，以覆诅盟^⑬。虐威庶戮，方告无辜于上^⑭。上帝监民^⑮，罔有馨香德，刑^⑯发闻惟腥。"

 **注释**

①王曰：此史臣记吕王说。

②蚩尤：神话传说中的人物，东夷部落的首领，与黄帝在中原发生阪泉之战，被打败。在舜禹时代，蚩尤部落与舜、禹也曾发生过冲突。

③ 寇：攻击。贼：杀人。鸱（chī）：鸱鸮，一种恶鸟。义：通"俄"，倾斜。攘：窃取。矫：诈取。虔：强取，掠夺。

④ 苗：苗族，九黎之后，与黄河流域各部落一直斗争。灵：善。

⑤ 制：使折服。

⑥ 虐：杀。

⑦ 爰：句首语气词。淫：过度。刵（èr）：断耳。椓（zhuó）：宫刑，五刑之一。黥（qíng）：在面额刺字，并涂以墨，即墨刑，亦五刑之一。

⑧ 越兹：于是。丽：施加。

⑨ 并制：并用。差，差等。辞，罪状。

⑩ 胥：副词。表示方式，相当于"相互"。渐（jiān）：欺诈。

⑪ 泯泯棼棼：泯泯：紊乱貌。棼棼：纷乱的样子。

⑫ 中：通"忠"。

⑬ 诅盟：盟誓。

⑭ 方：通"旁"，普。上：上天。

⑮ 监：监视。

⑯ 刑：法。

"皇帝哀矜庶戮之不辜①，报虐以威，遏绝苗民②，无世在下③。乃命重黎绝地天通④，罔有降格⑤。群后之逮在下⑥，明明棐常⑦，鳏寡无盖⑧。

 注释

① 皇帝：即上天。皇，大。

② 遏：抑制。

③ 世：嗣。下：人世。

④ 重：司天。黎：司地。绝地天通：不让民众与天直接沟通，而由神祀人员代替。

⑤ 格：沟通天人意见的人。

⑥ 群后：指颛顼以后的君王。

⑦ 明：勉。棐：通"非"。不。

⑧盖：害。

"皇帝清问下民^①，鳏寡有辞于苗^②。德威惟畏，德明惟明^③。乃命三后，恤功于民^④：伯夷降典^⑤，折民惟刑^⑥；禹平水土，主名山川^⑦；稷降播种^⑧，农殖嘉谷^⑨。三后成功，惟殷于民^⑩。士制百姓于刑之中^⑪，以教祗德。"

注释

① 清：询问。
② 有辞：有怨恨，有怨言。
③ 德威惟畏，德明惟明：蔡沈在《书集传》中说："苗以虐为威，以察为明，帝反其道，以德威而天下无不畏，以德明而天下无不明也。"
④ 三后：指下文的伯夷、禹、稷。恤：担忧，忧虑。
⑤ 伯夷：姜姓族的始祖神。降：立下。
⑥ 折：判断。
⑦ 主名山川：为山川神主。
⑧ 稷：后稷。
⑨ 农：勉力，勤勉。殖：种植。
⑩ 殷：盛，众多。
⑪ 制：制御，治理。

"穆穆在上^①，明明在下^②，灼于四方^③，罔不惟德之勤，故乃明于刑之中^④，率乂于民棐彝^⑤。典狱^⑥，非讫于威^⑦，惟讫于富。敬忌^⑧，罔有择言在身^⑨，惟克天德^⑩，自作元命^⑪，配享在下^⑫。"

注释

① 穆穆：严肃的样子，指天子。
② 明明：光辉的样子，指群臣。

③灼：彰显。

④刑之中：用刑适中。

⑤率：语气助词。棐：通"非"。不。彝：法。

⑥典狱：主持刑狱。

⑦讫：止。

⑧忌：畏惧。

⑨择：通"斁"，败坏。

⑩克：肩负。天德：犹言"帝德"，上天所立的道德。

⑪元命：大命。

⑫配享：配合天命而享其禄位。

王曰："嗟！四方司政典狱①，非尔惟作天牧②？今尔何监③？非时伯夷播刑之迪④？其今尔何惩⑤？惟时苗民匪察于狱之丽⑥？罔择吉人⑦，观于五刑之中⑧，惟时庶威夺货⑨，断制五刑⑩，以乱无辜。上帝不蠲⑪，降咎于苗。苗民无辞于罚，乃绝厥世。"

注释

①四方司政典狱：指主持刑狱的官员。

②牧：统治，治理。

③监：借鉴。

④迪：用。

⑤惩：惩戒。

⑥匪：不。丽：施。

⑦吉人：善人。

⑧观：视事。

⑨庶威：行为威虐的人。夺货：广征货贿。

⑩断制五刑：用割断、摧折等方式强力破坏五刑。

⑪蠲（juān）：除去，免除，引申为赦免。

王曰："呜呼！念之哉。伯父、伯兄、仲叔、季弟、幼子、童孙①，皆听朕言，庶有格命②。今尔罔不由慰日勤，尔罔或戒不勤。天齐于民③，俾我一日④。非终惟终在人⑤。尔尚敬逆天命⑥，以奉我一人。虽畏勿畏，虽休勿休⑦，惟敬五刑，以成三德⑧。一人有庆⑨，兆民赖之⑩。其宁惟永。"

 注释

①伯父、伯兄、仲叔、季弟、幼子、童孙：蔡沈在《书集传》中说："此告同姓诸侯也。"

②格命：吉祥美善之事。

③齐：整顿。

④俾：使。

⑤终：成。在：有"事在人为"的意思。

⑥逆：迎。

⑦虽畏勿畏，虽休勿休：曾运乾说："虽畏勿畏，不畏高明也。休，喜也。虽休勿休，'得其情，哀矜勿喜'也。"

⑧三德：即《洪范》篇所谓正直、刚克、柔克。

⑨一人：君王自称。庆：善。

⑩赖：依靠，依赖。

王曰："吁！来，有邦有土①，告尔祥刑②。在今尔安百姓，何择非人？何敬非刑？何度非及③？"

 注释

①有邦有土：曾运乾说："有邦者，畿外诸侯。有土者，畿内有采邑之臣。"

②祥刑：善刑。不滥用刑罚而强调德教为主，故称善。

③度：审议。及：赶上（古代圣人伯夷、禹、稷等的道德）。

"两造具备①，师听五辞②。五辞简孚③，正于五刑④。五刑不简⑤，正于五罚⑥。五罚不服，正于五过⑦。五过之疵⑧：惟官、惟反、惟内、惟货、惟来⑨。其罪惟均⑩，其审克之⑪。

 注释

① 两造：诉讼双方。

② 师：士师，即刑官。五辞：与五刑相关的供词。

③ 简：检查核对。孚：信。

④ 正：正法，治罪。

⑤ 不简：供词与所察情形不一致，视为疑罪不定。

⑥ 罚：出钱赎罪。

⑦ 五罚不服，正于五过：《孔疏》说："欲令赎罪，而其人不服，狱官重加简核，无复疑似之状，本情非罪，不可强遣出金，如是者则正之于五过，虽事涉疑似，有罪乃是过失，过则可原，故从赦免。"

⑧ 疵：弊端，偏差和错误。

⑨ 官：依仗威势。反：不顾案情，随意抗上。内：内亲妻室说情，后世所谓裙带风。货：勒索财物。来：靠关系请托。

⑩ 其：指犯有"五过之疵"的刑官。

⑪ 克：核实。

"五刑之疑有赦①，五罚之疑有赦②，其审克之。简孚有众，惟貌有稽③，无简不听④，具严天威⑤。"

 注释

① 五刑之疑有赦：所定五刑有怀疑的，就应该直接赦免。

② 五罚之疑有赦：所定五罚有怀疑的，也应该直接赦免。

③ 貌：微细之处。稽：核查。

④ 听：听受。

⑤具：共。严：敬。

"墨辟疑赦①，其罚百锾②，阅实其罪③。劓辟疑赦，其罚惟倍④，阅实其罪。剕辟疑赦⑤，其罚倍差⑥，阅实其罪。宫辟疑赦，其罚六百锾，阅实其罪。大辟疑赦，其罚千锾，阅实其罪。

① 墨：墨刑。辟：罪，惩罚。疑赦：罪有可疑而不能定，就赦免。
② 锾（huán）：古代重量单位。
③ 阅：考核，核实。
④ 其罚惟倍：较墨刑为倍，即二百锾。
⑤ 剕（fèi）：断足。辟：法，刑法。
⑥ 倍差：是劓刑的一倍半，即五百锾。

"墨罚之属千①，劓罚之属千，剕罚之属五百，宫罚之属三百，大辟之罚其属二百，五刑之属三千。

① 属：类，条款。

"上下比罪①，无僭乱辞②，勿用不行③，惟察惟法，其审克之。上刑适轻，下服④。下刑适重，上服。轻重诸罚有权。刑罚世轻世重⑤，惟齐非齐⑥，有伦有要⑦。

① 上下比罪：罪行无专属时，可上比重罪、下比轻罪来确定罪行。

②僭：差错，乱。

③不行：不恰当的审判理由。

④上刑：重刑。适：宜。下服：以轻刑处置。

⑤世：时。

⑥齐非齐：轻重可以随时制宜，灵活掌握。

⑦伦：条款。要：纲要。

"罚惩非死，人极于病①。非佞折狱②，惟良折狱③，罔非在中。察辞于差④，非从惟从⑤，哀敬折狱。明启刑书胥占⑥，咸庶中正⑦。其刑其罚，其审克之。狱成而孚⑧，输而孚⑨。其刑上备，有并两刑⑩。"

 注释

①罚惩非死，人极于病：蔡沈在《书集传》中说："罚以惩过，虽非致人于死，然民重出赎，亦甚病矣。"极，困厄。病，艰难困苦。

②佞：指巧言之人。

③良：善良，指善良忠厚之人。

④差：供词中参差矛盾的地方。

⑤非从惟从：江声《尚书集注音疏》说："囚证之辞或有参差，听狱者于其参差察以求其情。既得其情，非从其辞，惟从其辞。"

⑥启：开。占：揣度。

⑦中正：正确。

⑧狱成：判定狱讼。孚：信。

⑨输：王引之《经义述闻》说："'成'与'输'相对为文，'输'之言'渝'也，谓变更也。……狱词或有不实，又察其曲直而变更之，后世所谓平反也。狱词足而人信之，其有变更而人亦信之，所谓民自以为不冤也。"

⑩其刑上备，有并两刑：曾运乾说："其刑上备者，轻重同犯，以轻罪并入重罪，不复科其轻。有并两刑者，两罪俱发，则但科以一罪，不复责其余，皆取宽厚之意也。"

王曰："呜呼！敬之哉！官伯族姓①，朕言多惧。朕敬于刑，有德惟刑。今天相民②，作配在下③。明清于单辞④，民之乱⑤，罔不中听狱之两辞⑥。无或私家于狱之两辞。狱货非宝⑦，惟府辜功⑧，报以庶尤⑨。永畏惟罚。非天不中⑩，惟人在命⑪。天罚不极⑫，庶民罔有令政在于天下⑬。"

 注释

① 官伯：主管政事、执掌刑狱的官员。族姓：同族人。

② 相：助，治。

③ 作：为。配：这里指地上的君王上配天帝。

④ 明清：明察。单辞：一面之词。

⑤ 乱：治。

⑥ 中听：中立，不偏听一面之词。两辞：诉讼双方的供词。

⑦ 狱货：审理诉讼时接受的贿赂赃物。

⑧ 府：聚集。辜功：罪行。

⑨ 报：报应。尤：罪过，祸害，过错。

⑩ 中：公平。

⑪ 在命：自终其命。

⑫ 极：至。

⑬ 令政：善政。

王曰："呜呼！嗣孙，今往何监①？非德于民之中②？尚明听之哉！哲人惟刑③。无疆之辞④，属于五极⑤，咸中有庆⑥。受王嘉师⑦，监于兹祥刑⑧。"

 注释

① 监：临下。

② 非德：不应该是德治吗？中：中正，公平。

③ 哲：通"折"，制。

④ 无疆：没有穷尽。

⑤ 五极：五刑的标准。

⑥ 中：指狱讼的处置公平适当。庆：福泽。

⑦ 嘉师：美好的训导。

⑧ 监：遵循。

　　吕侯受命辅佐周穆王，周穆王在位已达百年了，到了年老的时候，命令吕侯充分考虑当时的社会状况，制定刑律责成四方遵守。

　　王说："古时候有过教训，那时蚩尤开始作乱，恶劣行为影响了平民百姓。人们无不互相攻击抢劫，谋财害命，作奸犯科，巧取豪夺，邪恶不堪。苗民不行善道，就制定刑罚，制定了五种酷刑作为律法。杀戮无罪的人，开始滥用割鼻、断耳、宫刑、黥面等酷刑，不问是非及具体罪状，一律加以刑戮。从此苗民互相欺诈，社会混乱不堪，没有公平信义，对于盟誓可随便推翻。刑罚的酷虐使庶民遭到冤害，他们只好向上天控诉。上天察看民情，发现此地根本没有德行的馨香，只有刑戮的腥臭。"

　　"上天哀怜广大无罪而被刑戮的民众，对那些肆行酷刑的人给予了威严的惩处，把那些作乱的苗人斩尽杀绝，不让他们有后代留在世上。上天于是命令重和黎严分民神事务，禁止庶民与上天直接沟通，民众与上天再也不能直接联系。后来继位的君王们都努力遵守明德，舍弃酷刑，鳏寡无告的小民也不会再受到伤害。

　　"上天询问了天下民众，连鳏寡无依的人都对苗民发出怨言。于是上天以德行威，民众无不畏服。又以德施明，使万民远离冤枉。上天命令三位方国君主抚恤民众，建立功业：伯夷制定法典，凭刑法治理民众；大禹治理水土，为山川的神主；后稷教民播种，努力种植庄稼。三位君主大功告成，民众作风大正，以后治理民众只用适中的刑罚来教育，民

众都会敬行德教。

"君主秉持着美好的品德，群臣努力明察、建立事功，政治清明，光辉普照四方，没有人不勤勉地根据德教办事。所以用刑适中，为的是引导民众远离非法活动。掌刑狱的士师也不应以刑威解决问题，而应该为民造福。要时刻敬畏戒惧，远离恶言，遵守公德，使自己成就大命，才可以配享天禄。"

王说："啊！执掌刑狱的四方各级官员们，难道你们不是为上天治民吗？那么现在你们要效法谁呢？难道不是伯夷所宣扬传播的刑法吗？现在要以什么为惩戒呢？难道不正是苗民不明察刑狱而滥用刑罚这件事吗？由于不能选择合适的人管理，考察五刑是否用得适当，导致权贵以威势行贿乱政，破坏五刑条律，使无辜的臣民遭受祸殃。上天不能赦免他们，便降下灾祸给苗民。苗民无话可说，只得承受，于是他们的世系就被断绝了。"

王说："唉！记住这个教训吧。我的伯父、伯兄、仲叔、季弟和年幼的子孙们，你们都要听从我的话，这样就会有吉祥美善之事。现在你们无不是因为我的宽慰和勉励而日益勤奋于政务，你们也没有不提醒自己勤于职守的。上天为了统治臣民，使我掌管了大权。成功与否完全在于事在人为。你们要敬迎天命来辅助我，处理五刑之政时要不畏权威，治狱审讯到真情也要懂得哀矜，不要只顾着欢喜，要谨敬遵守五刑的用法，以成刚、柔、中正之德。君王一人有可庆的善政，万民都会得到幸福。这样，天下就能长久安宁了。"

王说："唉！来，诸侯国君和诸位官员们，让我告诉你们什么叫善刑。现在你们安抚天下民众，要选择谁呢？难道不是贤人吗？要谨慎对待什么？难道不是刑法吗？要思考什么？难道不是要追及古圣先王伯夷、禹、稷的治道吗？

"诉讼双方都到场了，负责狱情的官员们共听狱讼中相关案情。经考察核实的结果与事实相符，就按五刑定罪。如果考察的结果与事实不符，就按五等罚金来处理。如果定了五罚而罪犯依然不服，要再加审核。如果发现处罚与过失不对应，就改按五种过失来处理。在审理五过中往往发生五种弊端：高官利用权势，不公正审判；不顾案情，随意抗上；内亲妻室说情改变审判；行贿受贿，扰乱审判；私情请托，干扰审判。法官有上述弊端的，其罪与犯法者等同，必须审查、核实。

"如果发现所判五刑有疑问的，可以直接赦免。同样，发现所定五罚有疑问的，也要赦免，这都必须详加审核。罪状经审核，有多人证实，还要对细微之处详加核查，之后可判定刑罚。如果案情无从核实，则不要论罪。刑狱之事要审慎，这是由于天威可畏，必须谨慎恭敬。

"如果对判了墨刑的案情有疑问，可以从轻改判罚金一百锾，但一定要经过核实。如果对犯了劓刑的案情有疑问，也减刑改判罚金二百锾，也一定要经过核实。如果对判了断足罪的案情有疑问，减刑改判罚金五百锾，也一定要核实。如果对判了宫刑的案情有疑问，减刑改判罚金六百锾，也一定要经过核实。如果对判了死刑的案情有疑问，减刑改判罚金一千锾，也一定要经过核实。

"关于墨刑处罚的条款有一千条，劓刑处罚的条款有一千条，剕刑处罚的条款有五百条，宫刑处罚的条款有三百条，死刑处罚的条款有两百条，五刑加起来共三千条。

"刑律条款上没有的罪，可上比重罪、下比轻罪加以确定，但不要使判词出现差错和混乱。不要用不当行之理而成狱，要察其情况而遵用刑法，而且要详加审核。如果犯了重刑，适宜从轻发落的，就从轻处理。犯了轻罪但情节恶劣宜从重发落的，可从重处理。惩罚轻重可以灵活掌握，刑罚也要因时制宜。或轻或重，根据实际情况做出调整，也要依据条款和纲要。

"实行罚金赎罪，虽然可以使犯者免死，但也给他造成了很大的困难。断狱不要凭巧言善辩，靠善良公正才能合于中道，准确无误。供词常有矛盾之处，要善于从中明察虚实，才能获得真实案情。所以原则上不是听从口供，而是核查实情。要怀着哀怜之心来主持刑狱，当场打开刑书与众人一起商酌，取得狱官们的一致见解，这样才可能使案件的处理公平无误。所判五刑、五罚，都必须查清事实进行审判，才能使人信服。供词如有不实，更要查实内情加以变更，也能使人信服。如果有人轻罪、重罪并犯，则并轻罪入重罪，按重罪惩罚。如果犯有两种同样轻重的罪，只按其中一种罪来惩罚。"

王说："啊！要谨慎对待刑狱呀！各级主管政务、执掌刑狱的官员们和我的叔伯、兄弟、子孙们，要对我的话有所戒惧。我谨慎地对待刑狱之事，了解要想有德于民，必须依赖这些刑律。现在上天为了治理民众，在人间设立君王以承配天意。听讼办案时要谨慎从事，对于一面之词必须明察，民众得到治理，都是因为狱官们公正不偏、善察讼词。不可因为私利而偏袒诉讼的任何一方。办案时收受贿赂，得到财货，收受财物的行为根本就不是在积累财富，而是在聚集罪行，会得到无数恶报。要永远长惧这种惩罚。天道中正公平，都是人们自绝其命。如果上天对收贿官吏不加以严惩，那么天下百姓就享受不到善政了。"

王说："啊！继嗣的子孙们，从今往后你们如何临下治民呢？难道不是靠德政使百姓得到公平吗？好好听清楚呀！治理民众要依据刑法。无穷无尽的讼词，都关系到五刑的判决，如果案件都能处置得当，臣民才会得到福泽。要接受、听从我的训导，遵循德治之刑的原则。"

故事

——·蚩尤的故事·——

在很多史书中，蚩尤都被描述成十足的反面人物。如果你喜欢读史书，就会知道黄帝大战蚩尤的事迹，也会知道蚩尤是个拥有神秘力量的部落首领。事实真是如此吗？为什么黄帝要跟蚩尤打仗呢？

上古时期，中华大地上并没有国家，只有很多大大小小的部落。其中最强大的三个部落是轩辕、神农、九黎。轩辕部落的首领是黄帝，神农部落的首领是炎帝，也就是尝百草的神农，而九黎部落的首领是蚩尤。这些部落并不是固定地生活在某地的，因为一地的自然资源总会被消耗完。他们会迁徙，寻找资源丰富的地方。在寻找资源的过程中，自然避免不了与别的部落争夺资源，进而打架。还有一个原因，就是相传蚩尤十分残暴，对本部落的人滥用刑罚，导致大家也都变得残暴凶狠、无视礼节和道德。

最早的争霸战争，先出手的其实是黄帝。黄帝先发制人，直接将神农部落击败，又去攻打九黎族。不过蚩尤也不是好惹的，他们在九黎部落的所在地涿鹿进行了一场大战，史称涿鹿之战。

传说蚩尤有三头六臂，8 只脚，还有 81 个兄弟。而且蚩尤很有才能，善于发明和运用兵器。眼看着黄帝就要攻打九黎部落，蚩尤赶紧张开嘴巴，吐出很浓的雾气，挡住了黄帝的视线，让他几天几夜都无法摸清方向。可是黄帝完全不怕，发明了指南车，继续前进。蚩尤见状请风神和雨神帮忙，指挥暴风雨阻拦黄帝。谁知黄帝也毫不示弱，喊来旱魃，使风神和雨神的招数全部失效。相传旱魃是僵尸的始祖，所到之处三年无雨。这场战争，听起来更像是两位神仙在斗法。由于当时的文字与现在

的文字形象差异过大，加上年代久远，许多资料散佚，所以现存的史书对这场战争的描述不多。而实际上，蚩尤和黄帝交战的过程很艰苦，这场战争远比文字记载得更激烈。

最后，黄帝战胜了蚩尤，成立了中华大地上最大的部落。蚩尤也是中华民族的始祖之一，而且发明了一些了不起的东西。传说金属冶炼技术就是蚩尤发明的，他见部落中的人们都在用粗糙的石制、骨制或木制农具，不太好用，于是发明了金属冶炼技术。能冶炼金属，自然也能锻造兵器了，因此他又发明了很多种兵器。历史上有"蚩尤作五兵"的传说，说的就是他发明了五种兵器。